A. Ketschau

AF235018

Katzen:

Liebenswerte Seidenpfoten

Bibliografische Information der Deutschen Nationalbibliothek:

Die Deutsche Nationalbibliothek verzeichnet diese Publikation in der Deutschen Nationalbibliografie; detaillierte bibliografische Daten sind im Internet über

http://dnb.d-nb.de abrufbar.

© 2018

Herstellung und Verlag: BoD – Books on Demand, Norderstedt

Katzen: Liebenswerte Seidenpfoten

ISBN 9783752839920

Die **Hauskatze** stammt von der **Falbkatze** ab. Die Falbkatzen suchten schon vor vielen Jahrtausenden die Siedlungen der Menschen auf. Heute gibt es auf der ganzen Welt verschiedene Haus- und Rassekatzen. Allein in Deutschland leben schätzungsweise 8 Millionen Hauskatzen in Haushalten. Katzen lieben ihre Menschen sehr. Menschen sind für Katzen Gesellschafter, Futterspender, Spiel- und Schmusepartner. Damit übernimmt der Mensch die Rolle als eine Art „Mutterkatze". Einerseits sind Katzen verschmust, anhänglich und ihren Menschen zugetan. Andererseits haben sie noch immer ihre Beutegreifereigenschaften bewahrt. Katzen – Haus- wie Wildkatzen – sind hoch entwickelte Beutegreifer mit scharfen Sinnen, einem geschmeidigen Körper und schnellem Reaktionsvermögen. Die Hauskatze hat ebenso effiziente Waffen zur Verfügung wie Tiger, Puma & Co. Katzen sind – abgesehen von Löwe und Gepard – Einzeljäger, jedoch keine reinen Einzelgänger. Katzen leben normalerweise nicht wie Wölfe in Familienverbänden. Dennoch sind sie keine Einzelgänger im eigentlichen Sinn. Sie sind eigenbrötlerisch, schätzen aber dennoch die Nähe zu Artgenossen und es bilden sich auch gewisse Ordnungen der Rangfolge zwischen den Tieren aus. Diese Rangfolgen sind aber nicht so hierarchisch ausgeprägt wie bei den Hundeartigen. Katzen ordnen sich nicht unter und gehorchen auch nicht. Katzen sind aber durchaus bereit, sich mit Artgenossen zu arrangieren und gewisse Regeln zu akzeptieren. Im Laufe der Domestikation (Haustierwerdung) haben Katzen sich nur wenig verändert. Fast allen Katzen ist der Jagdtrieb erhalten geblieben, und wenn gerade kein Kleintier wie Maus, Ratte, Vogel oder Schmetterling zur Verfügung steht, wird notfalls eine Staubflocke, ein Korken oder ein Katzenspielzeug „erbeutet". Allerdings sind Hauskatzen ihren Menschen zugetan und auch von ihnen abhängig. Die Katze wurde erst viel später als andere Haustiere zum Gefährten des Menschen. Als die Menschen sesshaft wurden, schlossen die Katzen sich ihnen an. In den Speichern hielten sie Ratten und Mäuse kurz, so dass sich die Schäden am Korn durch die kleinen Nager in Grenzen hielten. So entstand eine Zweckgemeinschaft zwischen Mensch und Katze: die Katze hatte ein Dach über dem Kopf, immer ausreichend Nahrung (Ratten und Mäuse), und ab und an fielen auch einmal etwas Milch und Kleinigkeiten beim Schlachten für die Katze ab. Dem Menschen dagegen war geholfen, weil die Katze Ratten und Mäuse vertilgte, die sich ansonsten am Korn zu schaffen gemacht hätten. Und nicht zuletzt entstand eine Freundschaft zwischen Mensch und Katze. Die Katze ist zwar nicht so bedingungslos und treu ergeben wie ein Hund, aber sie bringt ihre liebevolle Zuneigung dennoch unmissverständlich zum Ausdruck. Die Stammutter der Hauskatze (Felis Catus) ist die Afrikanische Falbkatze (Felis Lybica). Diese lebt in Afrika sowie im Norden der Arabischen Halbinsel. Die Vorfahren der Hauskatze stammen aus dieser Region des Nahen Ostens. Die zahmen Nachfahren der Falbkatzen wurden sogar als Göttinnen verehrt. Am bekanntesten ist wohl Bastet, die häufig als Katze oder mit Katzenkopf dargestellt wird. Sie hütete nachts das Licht und war Sinnbild für Liebe, Fruchtbarkeit, Glück und Wohlstand. Die altrömische Jagd- und Mondgöttin Diana wurde von Katzen begleitet und auch in asiatischen Tempeln und Palästen waren Katzen zu Hause. Im christlichen Abendland waren sie die Lieblinge des Muttergottes. Im Mittelalter dagegen waren Katzen als teuflische Wesen verschrien und zu Tausenden starben sie im Rahmen der Hexenverfolgung neben menschlichen Opfern auf dem Scheiterhaufen. Tausenden von Menschen und ihren Katzen brachten lächerliche Anschuldigungen, mit dem Teufel im Bunde zu stehen, den Tod. Wer sich nicht völlig anpasste und Kritik zeigte, wer seine Katze allzu offensichtlich verwöhnte, sie in seinem Bett schlafen ließ oder sich anderweitig „verdächtig" machte, landete schnell auf dem Scheiterhaufen oder wurde sonst wie bestialisch ermordet – und dieses Schicksal teilten solche Menschen nicht selten mit ihren Katzen. Der letzte Hexenprozess fand 1712 in England statt, und noch 1749 wurde eine bayerische Nonne geköpft, nachdem sie gestanden hatte, die drei Katzen, mit denen sie lebte und sprach, seien in Wirklichkeit Teufel. Seit dem 18. Jahrhundert wurde man sich wieder der Vorzüge der Katze bewusst.

Die **Domestizierung** der Katze war ca. vor 3500 Jahren abgeschlossen. Vom Nahen Osten breiteten sie sich über die ganze Welt aus. Obwohl es anfangs Erlasse von Ausfuhrverboten gab, gelangten die Katzen auf Handelsschiffe. Sie leisteten dort gute Dienste, indem sie Ratten und Mäuse verspeisten. Die Katzen verbreiteten sich und passten sich dem jeweiligen Lebensraum an. Im rauen Bergland Kleinasiens tauchten die ersten Katzen mit längerem Fell auf, die wohl die Vorfahren der Perser und Halblanghaarrassen waren. In Südostasien entwickelte sich ein schlanker, hochbeiniger Typ, von dem die Orientalen abstammen dürften, zu denen u.a. auch die Siamkatzen zählen. Auch die Burmakatzen stammen von diesem Typ ab. In den gemäßigten Klimazonen tauchten Katzen auf, den man als Urtyp unserer Hauskatze bezeichnen kann: ein Tier mit kompakterem Körper, mit nicht zu kurzem, aber auch nicht langem Fell und mit Unterwolle: der Urtyp unserer Hauskatze oder Europäisch Kurzhaar. Die Waldkatzen wie Norwegische und Sibirische Waldkatze sowie Maine Coon, Halblanghaarkatzen von stämmigem, großen Typ und mit viel Unterwolle, entstanden in Anpassung an das Klima.

Nicht kastrierte Kätzinnen werden zwei- bis dreimal im Jahr **rollig** bzw paarungsbereit, das erste Mal, wenn sie zwischen 3 und 12 Monaten alt sind (manche Langhaarkatzen erst mit ca. 21 Monaten). Die Rolligkeit dauert im Beisein eines Katers 3-4, sonst 5-10 Tage. Sie tritt etwa alle 2-3 Wochen auf. Rollige Kätzinnen wälzen sich auf dem Boden, recken einem ihr Hinterteil entgegen und schreien nach einem Kater. Sie markieren auch vermehrt. Dabei locken sie alle möglichen Kater im Umkreis an. Bevor ein Kater seine „Auserwählte" deckt, kommt es meist zu üblen Revierkämpfen unter den Katern. Das Geschrei, das sowohl Kätzin als auch Kater von sich geben, ist nicht sehr angenehm. War die Paarung erfolgreich, trägt die Kätzin etwa 9 Wochen. Generell ist an dieser Stelle ausdrücklich darauf hinzuweisen, dass Kätzinnen und Kater mit Freigang sowie halbwilde Katzen, die vom Menschen mit Futter versorgt werden, **kastriert** werden müssen. Jedes Jahr werden die Tierheime mit Schwemmen von ungewollten Kitten überflutet, weil unfähige Halter unbedingt einmal Kitten haben wollten, ohne sich über die Konsequenzen bewusst zu sein, oder denen es einfach egal ist, wenn sich ihre Katzen wild vermehren. Zahllose Katzen werden jährlich überfahren, erschossen, ertränkt, vergiftet oder anderweitig qualvoll ermordet, sie verhungern oder sterben an Parasiten und Krankheiten. Diesem Katzenelend kann man nur mit flächendeckender Kastration von Freigängern und halbwilden bzw verwilderten Katzen entgegenwirken. Dabei werden bei der Kätzin die Gebärmutter und Eierstöcke, beim Kater die Hoden unter Vollnarkose entfernt. Auch halbwilde Katzen, die vom Menschen mit Futter versorgt werden, müssen kastriert werden. Jährlich fallen zahllose unkastrierte Kater dem Straßenverkehr zum Opfer, weil sie über weite Strecken herumstreunen. Sind sie einer rolligen Kätzin auf der Spur, sehen und hören sie nichts anderes mehr. Zudem setzen sie ihre Marken durch übelriechendes Spritzharnen – auch innerhalb des Hauses (auch nicht kastrierte Kätzinnen markieren). Dauerrollige oder scheinträchtige Kätzinnen sind anfälliger für Gebärmutterleiden. Wird die Kätzin früh kastriert (mögl. vor der 1. Rolligkeit), mindert man auch das Risiko für Gesäugekrebs. Wer eine Katze (Kätzinnen ebenso wie Kater) mit Freigang hält, muss sie unbedingt kastrieren lassen. Unkastrierte Kater kämpfen vermehrt um eine Kätzin oder das Revier, was durch die Beißereien auch Krankheiten wie z.B. Katzenaids übertragen kann. Trotzdem möchte ich hier ein wenig auf die Fortpflanzung eingehen. Wer sich für die Katzenzucht interessiert, sollte sich spezielle Literatur (Rasse, Zucht, Genetik, Anatomie usw) besorgen und sich mit einem Rassekatzenzuchtverein in Verbindung setzen. Man schätzt, dass in Deutschland etwa 10-20 % Rassekatzen oder Kreuzlinge aus verschiedenen Rassen gehalten werden. Demnach sind rund 80-90 % rasselose Katzen. Eine Kätzin einfach mal Kitten bekommen zu lassen, weil diese niedlich sind, weil die Kinder einmal die Geburt und Aufzucht miterleben sollen oder weil es angeblich gut für die Gesundheit der Kätzin wäre, ist einfach nur naiv und verantwortungslos. Wer die Gesundheit seiner Kätzin schützen möchte, sollte sie rechtzeitig kastrieren lassen. Züchten sollte nur der, der einem Rassekatzenzuchtverein angeschlossen ist, der über das nötige Wissen über Genetik, Rasse, Aufzucht usw verfügt, dessen Kätzin zuchtzugelassen ist und wer auch genügend Räumlichkeiten und finanzielle Mittel hat – und natürlich genügend Käufer für die – zugegebenermaßen süßen – Kitten. In einem Rassekatzenzuchtverein bekommt der Neuling Hilfe in Sachen Zucht, Genetik und Aufzucht. Und man sollte sich durch Bücher, Seminare o.ä. auch selbst weiterbilden. Wem das zuviel Aufwand für einen Wurf ist, der sollte es gleich sein lassen. Außerdem muss man den finanziellen und zeitlichen Aufwand der Zucht und Aufzucht bedenken (Futter, Tierarzt, Chippen, Zuchtschaubesuche, Zuchtzulassungen, Ahnentafeln, Kittenaufzucht, Futterzubereitung, Prägung der Kitten, Katzenpflege usw). Wer sich für die Zucht interessiert, findet im Fachhandel entsprechende Bücher (siehe auch Literaturanhang).

Für die Geburt sucht die Kätzin sich ein geschütztes Plätzchen, vielleicht stellt man ihr ein Körbchen oder eine gepolsterte Kiste zur Verfügung. Im Schnitt bringt die Kätzin innerhalb weniger Stunden 3 bis 5 Kitten zur Welt (es können aber auch mehr oder weniger sein). Mit der ersten Muttermilch, dem Kolostrum, nehmen die Kitten wichtige Abwehrstoffe auf. Dies schützt sie für rund 2 Monate vor diversen Infektionen. In den ersten vier Wochen werden die Kitten rund um die Uhr von der Kätzin betreut. Die Kätzin säugt, wärmt und putzt die Kleinen, sie leckt das Bäuchlein und regt so die Verdauung an. Ausscheidungen werden anfangs von der Kätzin weggeleckt, um das Nest rein zu halten. Nach einigen Wochen muss die Reinigung des Körbchens der Mensch übernehmen. Meist lernen die Kitten durch Beobachten der Mutterkätzin, dass sie sich in der Katzentoilette oder draußen (etwa im Garten) lösen müssen. Die Kitten lernen das schnell. Anfangs sind die Kleinen taub und blind und können die Körperwärme noch nicht halten, weshalb sie warm gehalten werden müssen (in der Regel durch die Mutterkätzin). Mit zwei Wochen können die Kitten schnurren,

Geräusche hören, die Krallen einziehen und fangen an – anfangs noch nicht besonders gut – zu sehen. Mit 6 Wochen können die Kitten ausgezeichnet hören, sie sehen besser und das Milchgebiss hat sich herausgebildet. Die Kitten benutzen in diesem Alter die Katzentoilette, putzen sich selbstständig und spielen miteinander, z.B. Beiß- und Fangspiele. Haben sie die Gelegenheit dazu, erlegen sie auch Beute, wie Mäuse oder Spinnen. Vielleicht bringt ihnen die Mutter von draußen eine halbtote Maus mit, an der sie ihre Jagdtechniken verbessern können. Sie werden nun kaum noch von der Kätzin gesäugt, mit 8 Wochen sind sie von der Muttermilch entwöhnt. Die kleinen, niedlichen Flauschkugeln wachsen schnell zu eigenständigen Beutegreifern heran. In Temperament, Wesen und Aussehen können sich selbst Wurfgeschwister deutlich von einander unterscheiden. Das Aufwachsen mit den Geschwistern und auch der Mutter ist wichtig für die einzelnen Kitten. Sie lernen hierbei das Sozialverhalten. Sie orientieren sich am Verhalten der erwachsenen Katzen und arrangieren sich mit den Artgenossen. Die jungen Katzen mögen keine Langeweile. Sie möchten herumtoben, Kleingetier fangen, mit Artgenossen spielen. Sie riechen, hören und sehen sehr gut. Sie können salzig, sauer, bitter und umami (herzhaft) schmecken, aber nicht süß. Mit ungefähr 6 Monaten ist auch der Zahnwechsel abgeschlossen. Die Katzen werden langsam ruhiger. Mit etwa 8, 9 Monaten werden die Katzen geschlechtsreif, ggfs auch schon früher. Spätestens jetzt sollten sie kastriert werden. Kater „beduften" ihre Umgebung durch übelriechendes Spritzharnen, wenn man Pech hat auch innerhalb des Hauses. Auch unkastrierte Kätzinnen markieren mit Harn, nur riecht das nicht so penetrant. Auch nach der Kastration können Katzen noch markieren, aber meist beschränkt sich dies auf das Außenrevier und bei Katern riecht es auch kaum noch. Katersamen sorgt für den üblen Gestank. Die Entwicklung ist mit 6 Monaten noch nicht abgeschlossen, aber die Kastration kann und soll dennoch jetzt schon vorgenommen werden. Für die Katzen ist eine Frühkastration nicht von Nachteil. Manche Katzen sind mit einem Jahr ausgewachsen, bei anderen dauert es bis zum vollendeten zweiten oder dritten Lebensjahr. Liebevolle Schmuser sind sowohl Kätzinnen als auch Kater, ausgewachsene Katzen genauso wie Kitten, vorausgesetzt, sie wurden früh auf den Menschen sozialisiert und fühlen sich bei ihm wohl und sicher. Das Kitten wird in seinen ersten Lebenswochen geprägt. Von der 2. Bis 7. Woche lernt das Kitten Umwelteinflüsse kennen.

Dazu gehört, dass es zu Menschen Vertrauen aufbaut, indem man die Kitten viel und liebevoll auf den Arm nimmt und ruhig mit ihnen spricht. Sie lernen Körperkontakt und menschliche Nähe als etwas Positives kennen. Mit einigen Wochen lernen sie auch Haushaltsgeschehen wie Staubsauger, Kaffeemaschine, Telefonläuten, aber natürlich auch Menschen usw kennen. Es ist zu begrüßen, wenn sie in einen gesicherten Garten können. Dort lernen sie Pflanzen, Vögel, Insekten usw kennen. Neben den Kitten darf man aber die Kätzin nicht vergessen! Auch sie braucht Pflege und Schmuseeinheiten! Das Kitten sollte wenigstens 10 bis 12 Wochen alt sein, bevor es in sein neues Zuhause umzieht.

Der **Schwanz** hilft der Katze mit vielen Muskeln im Gleichgewicht zu bleiben. Katzen benutzen den Schwanz zum Steuern beim Springen, aber auch, um das Gleichgewicht zu halten. Auch um Stimmungen auszudrücken wird der Schwanz benutzt. Katzen laufen auf den **Zehenspitzen**. Sie können sehr gut springen und klettern, aber auch sprinten und bei hohem Tempo plötzlich die Richtung wechseln. Die Katze ist kein Hetz-, sondern ein **Ansitz- oder Lauerjäger**. D.h., sie hetzt die Beute nicht bis zur Erschöpfung oder bis zum Tode, sondern lauert ihr auf, packt und tötet sie. Durch das grausam wirkende „Spiel" mit der Beute baut die Katze Spannungen ab und schätzt auch ab, wann sie die Beute gezielt mit dem Tötungsbiss packen kann, möglichst ohne dabei selbst verletzt zu werden. Die **Krallen** werden beim Klettern benutzt, aber auch bei Kämpfen oder Festhalten von Spielzeug oder Beutetieren. Die Katze wetzt die Krallen regelmäßig. Entweder benutzt sie dazu draußen Baumstämme o.ä., oder man bietet ihr Kratzspielzeug in der Wohnung an. Reine Wohnungskatzen brauchen unbedingt Kratzspielzeug, wie z.B. Säulen, Tonnen oder Bäume. Aber auch Freigänger sollten Kratzspielzeug zur Verfügung haben. Hat die Katze kein Kratzspielzeug, müssen Gegenstände des Menschen herhalten – was diesem meist nicht gut gefällt. Das Wetzen dient der Krallenpflege. Es bilden sich stetig neue Hornhüllen auf den Krallen, die alten werden abgestoßen. Dies geschieht durch Kratzen. So werden die Krallen scharf gehalten. Außerdem dienen Kratzspuren der optischen und geruchlichen Markierung. Katzen besitzen an den Pfötchen nämlich **Duftdrüsen**, deren Sekret sie mit dem Kratzen verteilen. Für Menschen ist der Duft nicht wahrnehmbar. Solche Duftdrüsen besitzt die Katze aber z.B. auch am Kopf. Wenn sie sich mit dem Köpfchen an Gegenständen reibt oder an der Hand des Menschen, gibt sie damit auch ihren Duft an den Menschen oder an ein anderes Tier weiter. So kann sie den Menschen/ das Tier immer wieder finden und erkennen. Katzen pflegen ihr **Fell** eigentlich selbst, brauchen aber gelegentliches Bürsten und Kämmen als Unterstützung (bei Langhaarkatzen ggfs öfter). Das

Fell schützt vor kleinen Verletzungen, UV-Strahlung und Regen, Kälte und bis zu einem gewissen Grad sogar vor Hitze. Das Fell wird auch als Ausdruckshilfe gebraucht. Ist die Katze ängstlich oder ärgerlich gereizt, sträubt sie das Fell um größer zu erscheinen und Gegner einzuschüchtern. Die Katze kann Töne im Hochfrequenzbereich wahrnehmen. Ihre **Ohrmuscheln** sind sehr beweglich und können um fast 180 Grad gedreht werden. Die Katze hört ausgezeichnet und kann auch Töne im Ultraschallbereich wahrnehmen, die ein Mensch nicht mehr hört. Durch Stellung der Ohrmuscheln drückt die Katze ihren Gemütszustand aus. Katzen können gut räumlich **sehen** und auch Entfernungen gut einschätzen. Sie besitzen auf der Aderhaut eine Leuchtschicht (Tapedum lucidum), mit deren Hilfe sie im Dunklen sehen können. Diese Spiegelschicht verstärkt das Licht, das auf die Netzhaut trifft. Im Dunkeln erweitern Katzen ihre Pupillen, um alles Licht ausnutzen zu können. Allerdings können sie im Dunkeln nur sehen, wenn ein Lichtstrahl (auch ein sehr kleiner) auf die Leuchtschicht trifft. Ist es vollkommen dunkel, sehen auch Katzen gar nichts. Katzen können sehr gut **riechen**, wenn auch nicht so gut wie Hunde. Die Nase ist beim Prüfen von Futter wichtig, bei Begegnungen mit Mensch, Tier und Artgenossen sowie beim Sexualverhalten. Die Katze kann mit dem Nasenspiegel auch die Temperatur eines Gegenstands prüfen, bevor sie ihn berührt. Am Mäulchen (Tasthaarkissen), Kopf und an den Rückseiten der Vorderläufe besitzen Katzen **Vibrissen** oder **Tasthaare**. Die Katze erspürt damit Gegenstände. Vibrissen sind auch eine Orientierungshilfe im Dunkeln. Außerdem tastet die Katze damit Beute und Gegenstände ab. Die **Katzenzunge** ist mit Hornpapillen besetzt. Damit kann sich die Katze putzen und jedes einzelne Haar „durchkämmen". Außerdem eignet sich diese Zunge, um damit Fleischreste von Knochen zu schlecken. Nebenbei benutzt die Katze ihre Zunge auch noch als „Trinklöffel".

Eine gesunde, gepflegte und artgerecht ernährte Katze kann 20-25 Jahre alt werden, in Einzelfällen sogar älter. Sie muss ein

Katzenleben lang artgerecht und liebevoll versorgt werden. Man muss auch für sie da sein, wenn sie krank ist, auch wenn die Tierarztkosten steigen sollten. Bevor eine Katze ins Haus kommt, sollten eventuelle Allergien gegen Tierhaare abgeklärt werden. Auch ein Haustierverbot (bei Mietwohnungen und -häusern) muss ausgeschlossen sein. Außerdem sollte die Katze bei allen Familienmitgliedern willkommen sein.

Katzen verursachen auch **Kosten**. Diese sind individuell unterschiedlich. Mit 500 € jährlich sollte man etwa für eine Katze rechnen. Hier eingerechnet sind Kosten für Tierarzt und Futter, für reine Wohnungskatzen kommen auch noch die Kosten für Katzenstreu hinzu (für Freigänger Katzenstreu je nach Situation). Die Kosten können natürlich schwanken. Eine unvorhergesehene Behandlung beim Tierarzt, etwa bei einer Erkrankung oder nach einem Unfall, kann mit mehreren Hundert Euro zu Buche schlagen. Für die jährliche Impfung zahle ich derzeit 28 €. Aber das hängt von der jeweiligen Impfung und vom Tierarzt ab. Regelmäßige Wurmkuren halte ich außer bei Kitten sowie tragenden und säugenden Kätzinnen für vollkommen unnötig; versagen natürliche Mittel, kann und sollte man jedoch mit einem Präparat vom Tierarzt entwurmen – aber nicht dauernd! Eine Katze kann im Laufe eines Katzenlebens, das bei gepflegten und artgerecht ernährten Katzen bei ca. 20-25 Jahren liegt, schlappe 10.000-12.500 € kosten. Eine Kastration schlägt mit etwa 50-100 € zu Buche. Katzen können einmal an

Teppichen oder Möbeln kratzen, auch wenn sie hinaus können und/ oder Kratzspielzueg zur Verfügung haben. Kann der Halter sich damit arrangieren? Kratzspielzeug muss naturgemäß hin und wieder ersetzt werden. Es kann auch so nötig sein, „verbrauchte Katzengegenstände" einmal zu erneuern. Auch reine Wohnungskatzen (ebenso wie Freigänger) brauchen einen **Schlafplatz, Futterplatz und Katzentoilette.** Sie müssen die Gelegenheit haben, im Haus herumzustreifen, einen geeigneten Schlaf- und Futterplatz zu haben, wo sie sich in Ruhe aufhalten können und benötigen darüber hinaus Kletter- und Kratzmöglichkeiten (z.B. einen oder mehrere Kratzbäume, vielleicht eine Art „Laufsteg" an der Wand ect). Und auch wenn Katzen 15 oder mehr Stunden am Tag schlafen, brauchen sie Spiel- und Schmuseeinheiten mit ihren Menschen. Katzen lieben ein ruhiges, geordnetes Leben. Ständige Änderungen haben sie nicht so gerne. Sollte ein Umzug anstehen, ein neues Haustier, Säugling oder Partner, muss man der Katze Zeit und Gelegenheit geben, sich damit in Ruhe zu arrangieren.

Es ist sehr schön, ein **Kitten** aufwachsen zu sehen (bzw mehrere). Es kann aber auch Nerven Kosten. Kitten stellen gerne mal das ganze Haus auf den Kopf und bringen sich selbst in brenzlige Situationen, weil sie alles ganz genau untersuchen müssen. Man muss sie mit Vorsicht und Geduld behandeln und sollte am Tag etwa zwei Stunden mit ihnen spielen. Kitten werden 3-5 mal täglich gefüttert. Sie müssen die Regeln des Zusammenlebens kennen lernen und akzeptieren. Ordnungsgemäß sozialisiert und aufgezogen, werden sie meist sehr anhängliche Gefährten. Aber auch **ältere Katzen** können anhängliche, liebevolle Gefährten werden. Sie eignen sich, wenn man weniger Zeit für die Aufzucht investieren kann, sind aber auch so ganz tolle Freunde. Man kann liebebedürftige, anhängliche erwachsene Katzen in Tierheimen bekommen, aber auch aus Privathaushalten werden manchmal ältere Katzen abgegeben. Auch bei Züchtern kann man ältere Katzen bekommen. Manche Tiere haben aufgrund kleinerer Fehler eine

Zuchtzulassungsprüfung nicht bestanden oder sind für die Zucht zu alt geworden. Letztere sollten aber nur in absoluten Notfällen abgegeben werden, denn schließlich besteht hier schon eine jahrelange Partnerschaft zum Züchter und es ist traurig, wenn solche Katzen noch ihr Zuhause wechseln müssen. Manchmal kann ein Umzug für die Katze aber tatsächlich besser sein. Solche Katzen sind meistens gesund und haben ein einwandfreies Wesen. In der Regel bleiben aber solche Katzen beim Züchter. Oder sie finden einen neuen Platz im unmittelbaren Umkreis des Züchters. Katzen, die eine Zuchtzulassungsprüfung nicht bestanden haben, haben meistens kleinere Fehler wie eine falsche Augenfarbe, einen Knickschwanz o.ä. Sie können immer noch gute Haus- und Familienkatzen sein, gehören aber nicht in die Zucht. Manchmal bleiben auch Katzen aus älteren Würfen übrig. Manchmal werden kleine Schönheiten einfach übersehen. Sie sind aber deshalb nicht schlechter als ihre Wurfgeschwister. Haben sie Vertrauen gefasst, sind sie liebevolle, anhängliche Gefährten. Die Katze muss in ihr neues Umfeld passen. Katzen sind keine reinen Einzelgänger, obwohl Eigenbrötler, schätzen sie doch kätzische Gesellschaft. Vor allem Halter reiner Wohnungskatzen sollten darüber nachdenken, ob sie nicht mindestens zwei Katzen aufnehmen. Wählt man Kitten aus einem Wurf, gibt es oft solche, die alles gemeinsam machen. Wenn möglich, sollte man sie nicht trennen, sondern gleich ein Zweiergespann nehmen. Auch ausgewachsene Katzen, die eine Gemeinschaft bilden, sollten nicht getrennt werden. Die Übernahme im Doppelpack erleichtert beiden die Eingewöhnung. Auch zu zweit werden sie menschenbezogene, liebevolle Freunde. Ob man sich für zwei Kater, zwei Kätzinnen oder ein gemischtgeschlechtliches Pärchen entscheidet, ist egal. Beide Geschlechter sind anhänglich, beide vertragen sich, wenn sie gut aneinander gewöhnt sind. Kastriert werden müssen sowohl Kater als auch Kätzinnen, sofern man sie nicht für die gezielte Zucht verwendet. Man kann auch einer schon vorhandenen Katze einen Partner zugesellen. Mit einem Kitten funktioniert das meist recht gut. Es lebt sich schnell ein und wird auch meist zügig akzeptiert. Aber auch mit einer älteren Katze kann es funktionieren, wenn man beiden Tieren ausreichend Zeit gibt, sich aneinander zu gewöhnen. Für eine ältere oder kranke Katze kann es besser sein, eine ebenfalls ältere Katze als Zweittier zu wählen. Ein Kitten wäre wahrscheinlich auch zu anstrengend für sie. Vielleicht findet man im Tierheim ein passendes älteres Tier. Das Tierheim kann auch Kontakte zu privaten Pflegestellen vermitteln, die ältere Tiere betreuen, bis sie ein verantwortungsvolles, dauerhaftes Zuhause gefunden haben. Wenn man beide Katzen weiterhin liebevoll und ausreichend betreut, so dass keine Eifersüchteleien aufkommen, kann man auch zwei ältere Tiere gut zusammen bringen. Kätzinnen tun sich damit oft etwas schwerer als Kater. Hat man bereits eine Schmusekatze, wird die sich mit dem Neuankömmling vielleicht leichter arrangieren, wenn dieser weniger zum Schmusen als etwa zum Spielen aufgelegt ist. Beide Katzen brauchen ihren eigenen Rückzugsort, ihre eigene Decke/ Körbchen und Futterplatz sowie je eine eigene Katzentoilette. Hält man mehrere Katzen ohne Freigang, sollte man immer mindestens je eine Katzentoilette mehr aufstellen als man Katzen hat. Bei Freigängern reicht pro Katze eine Schale. Manche Katzen bevorzugen es, ihre Ausscheidungen getrennt abzusetzen. Auch hier muss man pro Katze mindestens zwei Schalen aufstellen. **Verwilderte bzw halbwilde Katzen** sind meistens keine guten Hausgenossen. Sie sollten natürlich mit Futter und auch medizinisch versrogt werden. Solche Katzen sind am besten als Freiläufer auf Bauernhöfen o.ä. aufgehoben. Oder man stellt ihnen außerhalb des Wohnhauses ein geschütztes Plätzchen, z.B. eine kleine Katzenhütte, zur Vefügung und füttert sie täglich. Selbstverständlich müssen solche Katzen kastriert werden. **Hunde und Katzen** vertragen sich in der Regel recht gut, wenn man sie sorgfältig aneinander gewöhnt. Die unterschiedliche Körpersprache kann zu Missverständnissen führen. Ein Hund fordert beispielsweise mit erhobener Pfote zum Spiel auf, während die Katze mit der selben Geste warnt. Ein gut erzogener Hund akzeptiert das Kitten in der Regel schnell. Eine ältere Katze, die schlechte Erfahrungen mit Hunden gemacht hat, kann kratzbürstig auf den Hund reagieren. Eine erwachsene Katze arrangiert sich schnell mit einem Welpen, wenn dieser sich

unterordnet. Auch zwei erwachsene Tiere lassen sich aneinander gewöhnen, aber hier braucht man eventuell etwas mehr Geduld. Lässt man beiden Tieren ihren Freiraum, können sie sich immer auf einen jeweils ungestörten Platz zurückziehen. Man sollte beide Tiere stets „gleichhalten" und keines dem anderen vorziehen. Denn dann sind Eifersüchteleien vorprogrammiert. Mit der Zeit entwickeln sich oft regelrechte Freundschaften zwischen Hund und Katze (zumindest mit jeweils dem Tier, das zur Familie gehört). Andernfalls lernen sie aber in der Regel, zumindest miteinander auszukommen. Beide sollten einen eigenen Rückzugsort haben, der vom jeweils anderen Tier akzeptiert wird. **Kleintiere** wie Fische, Kaninchen, Ratten, Mäuse, Vögel usw sollten so untergebracht werden, dass die Katze sie nicht behelligen kann. Bei bestimmten Arten wie größeren Papageien oder Muränen sind es eher die Katzen, die beschützt werden müssen. Muränen (aalartige Raubfische) strecken gerne mal den Kopf aus dem Wasser und schnappen nach möglicher Beute. Das kann zu bösen Bisswunden bei einer neugierigen Katze führen. Also solche Aquarien sicher abdecken, zumal Muränen auch gerne mal aus dem Aquarium ausbüchsen. Katzen macht es meist Spaß, bunte Fischchen im Aquarium zu beobachen. Bei den „gängigen" Fischarten muss man aber sicherstellen, dass die Katze sie nicht „angeln" kann. Auch mit Vögeln muss man aufpassen. Kleinere Vögel könnten als potenzielle Beute betrachtet werden. Größere

Papageienarten dagegen könnten die Katze z.B. durch einen kräftigen Schnabelhieb schwer verletzen. Auch hier sollte man für räumliche Trennung sorgen. Alle Vögel (selbstverständlich auch kleinere wie z.B. Kanarienvögel oder Wellensittiche!) sind also entweder sicher in ihrer Voliere unterzubringen, oder die Katze hat zu dem Zimmer, in dem die Vögel leben, keinen Zutritt.

Während des Freiflugs der Vögel hat die Katze auf keinen Fall etwas in dem Vogelzimmer zu suchen. Jahrelang kann es gut gehen, und auf einmal erinnert sich die Katze ihrer natürlichen Veranlagung und erhascht den Vogel. Es soll schon Freundschaften zwischen Ratte, Vogel, Maus und Katze gegeben haben. Im Ernstfall sollte man sich aber besser nicht darauf verlassen, sondern für sichere Verwahrung sorgen. Haben solche Tiere gerade Freiflug oder Auslauf, hat die Katze nichts in dem Zimmer zu suchen. Besteht auch bei geschlossenen Volieren Gefahr für die Kleintiere, bleibt das Zimmer generell für die Katze geschlossen.

Katzen lieben es, draußen herum zu streifen. In einem „Katzenfreilaufgebiet" sollte nur sehr wenig Straßenverkehr herrschen, denn andernfalls kann die Katze schnell zum Verkehrsopfer werden. Ist das nicht möglich, sollte man einen Kompromiss finden. Vielleicht kann man im **Garten** ein Freilaufgehege aufstellen, in dem sich die Katze täglich viele

Stunden aufhalten kann. Dort sollte sie Versteckmöglichkeiten durch Pflanzen ect haben, auch Bäumchen ect sind beliebt. Andernfalls sollte man den **Balkon** (sofern vorhanden) absichern. Netze und Gitter gibt es im Fachhandel. Die Katze kann so frische Luft schnappen, sich den Wind um die Nase wehen lassen und Vögel beobachten, Schmetterlinge, Spinnen und Insekten fangen. Durch Netze und Gitter besteht aber nicht die Gefahr, dass die Katze vom Balkon stürzen oder ausbüchsen kann. Stürze können (neben der Gefahr des Weglaufens) schwere bis tädliche Verletzungen nach sich ziehen. Viele **ungiftige Pflanzen** (z.B. Katzen-, Weizen- und Gartengras, wilder Wein, Zaunwinde, Zitronenmelisse, Majoran, Thymian, Ringelblume, Kapuzinerkresse, Baldrian, Erdbeere, Johannisbeere, Himbeere, Lavendel, Salbei, Großblütige Nachtkerze, Sonnenblume, Petunie usw) sollten sich auf dem Balkon befinden, damit die Katze die Möglichkeit hat, sich zwischen diesen Pflanzen zu verstecken. Katzen lieben es, sich zu verstecken. Eine völlig sterile, leere Wohnung ist ihnen ein Graus. Und das gilt für Balkon und Garten genauso. **Giftig bzw ungeeignet** sind z.B. Adlerfarn, Adonisröschen, Azalee, Becherprimel, Buchsbaum, Efeu, Eisenhut, Ginster, Goldregen, Grünlilie, Hahnenfuß, Herbstzeitlose, Hundspetersilie, Hyazinthe, Kalla, Kartoffelkraut, Korallenbäumchen, Leberblümchen, Lupinie, Maiglöckchen, Mistel, Narzisse, Oleander, Osterluzei, Pfaffenhütchen, Philodendron, Rittersporn, Rizinus, Robinie, Schachtelhalm, Schierling, Schleierkraut, Schneeglöckchen, Schöllkraut, Schwarzer Nachtschatten, Seidelbast, Stechapfel, Tabak, Tannen, Tollkirsche, Tomate, Trollblume, Weihnachtsstern, Weißer Germer, Wiesenküchenschelle, Wunderstrauch, Wurmfarn, Zwergholunder. Ist kein Balkon vorhanden, kann man auch ein Fenster vergittern. Die Katze kann so gefahrlos am offenen Fenster sitzen, frische Luft schnappen und das Geschehen draußen beobachten.

Wer in einer geeigneten Gegend wohnt, sollte der Katze durchaus **Freilauf** gewähren, sofern sie ihn möchte. Es sollte sich nur wenig Straßenverkehr in dieser Gegend befinden, weshalb die meisten Stadtkatzen keinen Freilauf bekommen können. Am Stadt- oder Waldrand ist dies aber durchaus oftmals möglich, ebenso in ländlicher Gegend. Die Katze sollte ausreichend grundimmunisiert sein. Natürlich hat eine Freigängerkatze kastriert zu sein. Eine neue Katze sollte wenigstens zwei Wochen im Haus bleiben. Dann kann man sie etwa 2-4 Wochen mit Geschirr und Leine draußen herumführen. Dauerhaft sind Katzen davon nicht begeistert, obwohl es einige rühmliche Ausnahmen gibt, die leinenführig werden. Hat die Katze sich eingelebt, ein gutes Verhältnis zu ihren Menschen und weiß sie, wo sie einen schönen Schlafplatz hat und Futter bekommt, hat sich die Leine innerhalb weniger Wochen erledigt. Kitten, die bei ihrer Mutter bleiben dürfen (sofern das nach dem Absetzen funktioniert) brauchen meist keine „Leinenrunden", sondern orientieren sich an ihrer Mutter. Ist ein ungefährlicher Freigang nicht möglich, sollte man sich von vornherein für eine (besser noch zwei) Kitten oder ältere Katzen entscheiden, die Freigang überhaupt nicht kennen. Was sie nicht kennen gelernt haben, werden sie weniger vermissen. Bei reinen Wohnungskatzen ist der Mensch jedoch mehr in puncto „Schmusen und Bespaßen" gefragt, obwohl auch Freigänger anhänglich sind und schmusen und spielen möchten. Aber Freigänger können sich draußen austoben, mit befreundeten Katzen Kontakt liegen, Kleintiere fangen und unerwünschte Rivalen vom Revier verscheuchen. Freigängern wird niemals langweilig. Bei reinen Wohungskatzen ist Partner Mensch gefragt, damit die Katze zufrieden und glücklich ist. Auch bestimmte Leiden können eine Katze dazu „verdammen", eine reine Wohnungskatze zu sein. Dazu zählen bestimmte Verletzungen oder ansteckende Krankheiten. Katzen sollten draußen kein Halsband tragen. Sie können damit hängenbleiben und sich strangulieren. Man bindet Katzen auch kein Glöckchen um, um Kleintiere zu warnen. Kleintiere gehören zu ihrem natürlichen Beutespektrum. Außerdem haben Vögel und andere Kleintiere so feine Sinne, dass sie die Katze auch ohne das grauenvolle Glockengeläut bemerken. Zudem geht der Katze das Gebimmel fürchterlich auf die Nerven! Freigängerkatzen sollten **gechipt und/ oder tätowiert** sein. Rassekatzen aus Vereinen oder Katzen aus dem Tierschutz sind in der Regel entsprehend gekennzeichnet. Die Kennzeichnung übernimmt der Tierarzt. Sie wird auch im Impfpass, ggfs im Heimtierpass und in der Ahnentafel sowie im Zuchtbuch vermerkt. Eine Chipnummer darf nur einmalig vergeben werden

und gehört zum Tier. Unter dieser Nummer sollte die Katze auch in einem Haustierregister (z.B. TASSO) gemeldet sein. Man kann so seine Katze wiederbekommen, falls sie einmal verloren geht und aufgefunden wird. Chips werden vom Tierarzt unter die Haut transplantiert. Der Chip enthält eine einmalig vergebene Nummer, die zur Katze gehört. Die Nummer kann mit einem speziellen Lesegerät ausgelesen werden. Lesegeräte für Mikrochips haben normalerweise Tierärzte, Tierheime und Zuchtwarte.

Woher bekommt man eine Katze? Vielleicht läuft einem irgendwo eine Katze zu. Findelkatzen müssen dem Tierschutz gemeldet werden. Meldet sich innerhalb von 6 Monaten kein Eigentümer, kann man die Katze behalten. Katzen scheinen ein gutes Gespür dafür zu haben, wo sie erwünscht sind. Man kann auch halbwilde Streuner regelmäßig mit Futter versorgen. Dabei muss man sich vergewissern, dass die Katze tatsächlich niemandem gehört. Man muss den Futterplatz stets sauber halten. Und natürlich hat man dafür Sorge zu tragen, dass der halbwilde Streuner schnellstens kastriert wird! D.h., man muss die Katze einfangen und auf eigene Kosten kastrieren lassen. In einigen Gemeinden werden Kastrationen von halbwilden Katzen vom Tierschutzverein bezuschusst. Manche Streunerkatzen werden so zahm und anhänglich, dass sie gut als Hauskatze (mit Freigang!) gehalten werden können. Andere sollte man „halbwild" lassen, sie aber dennoch regelmäßig mit Futter versorgen. Wenn nötig, sollte man solche Katzen auch medizinisch versorgen lassen. Stirbt der Mensch vor seiner Katze, braucht sie einen neuen, guten Platz. Auch solche Katzen müssen häufig vermittelt werden. Natürlich muss man einer solchen Katze Zeit geben, sich einzugewöhnen. Kitten sind einfach entzückend. Leider gibt es fast immer irgendwo Kitten. Fast alle sind niedlich. Aber nicht jedes Kitten passt in jeden Haushalt. Ist das Kitten aufgeschlossen und freundlich? Oder eher scheu? Passt die Katze eher in einen Single-Haushalt oder in eine Großfamilie mit vielen Kindern?

Ein Kitten, das schnell Vertrauen fasst, muss gut aufgezogen worden sein. Die Mutter sollte auf jeden Fall bei den Kitten sein. Wie leben die Mutter und Geschwister? Sind Schlaf-, Futter- und Toilettenplätze sauber? Machen die Katzen einen gesunden und gepflegten Eindruck? Haben alle Katzen, auch die Kitten, Familienanschluss? Dürfen sie in den (ggfs. gesicherten) Garten? Haben sie Spielzeug? Haben sie in den Prägephasen gute Erfahrungen gemacht? Andernfalls können Verhaltensprobleme die Folge sein. Ist die Kätzin zutraulich oder eher scheu? Schlechtes Wesen wie Scheuheit kann sich auf die Kitten übertragen. Die

Kitten sollten gesund, sauber, geimpft und entwurmt sein, wenn sie abgegeben werden. Dies alles gilt auch beim Rassekatzenkauf beim Züchter. Außerdem sollte der Züchter einem seriösen Rassekatzenzuchtverein angeschlossen sein. Diese Vereine haben Zuchtrichtlinien, denen sich die Züchter unterwerfen müssen. Außerdem bieten sie den Züchtern Hilfe, beispielsweise durch Werbemaßnahmen oder durch Beratungen bei den geplanten Verpaarungen. Wie geht der Züchter mit seinen Katzen

um? Wird ein Deckkater gehalten, darf dieser nicht in einem kleinen Räumchen vor sich hin vegetieren. Er sollte ein eigenes, schönes, helles Zimmer mit einem eigenen Zugang zum gesicherten Garten haben und der Züchter sollte sich viel mit dem Kater beschäftigen. Wird ein Deckkater dauernd in einem kleinen Badezimmer gehalten und nur zum Decken dort heraus geholt, ist das kein artgerechtes Leben! Die Kitten werden nicht vor der vollendeten 12. Lebenswoche abgegeben. Die Elterntiere müssen gesund sein und natürlich frei von Erbkrankheiten. Man sollte einen schriftlichen Kaufvertrag abschließen. Außerdem sollte man sich die Ahnentafel, Gesundheitsatteste und den Impfnachweis aushändigen lassen. Stellt der Züchter viele Fragen und will genau wissen, wie das Kätzchen leben wird, ist das ein gutes Zeichen. Es interessiert ihn, wo seine Kitten landen und er drückt einem das Tier nicht kommentarlos in die Hand. Der Züchter sollte sich Zeit nehmen und auch nach dem Kauf noch mit Rat und Tat zur Seite stehen. Man sollte für ein Rassekitten mit

Abstammungsnachweis mit mindestens 400-600 € rechnen. Auch wenn nach dem Verkauf der Kitten der eine oder andere Euro übrig bleibt, wird man von seriöser Zucht nicht reich. Hochwertiges Nassfutter oder BARF, Gesundheits- und Vereinskosten, Deckgebühren (ca. 500 €), Ahnentafeln, Ausstattung, die hin und wieder ausgetauscht werden muss und vieles mehr muss der Züchter bezahlen. Werbeanzeigen in der Vereinszeitschrift, in Fachzeitschriften und im Internet müssen geschaltet werden, denn die Kitten sollen ja zu neuen Besitzern. Da sollten einem ein paar Hundert Euro für ein gesundes, freundliches und liebevoll

aufgezogenes Kitten nicht zuviel sein, das unser Leben über hoffentlich viele Jahre bereichern wird.

Der Züchter sollte sich viel und liebevoll mit den Kitten und auch den erwachsenen Katzen beschäftigen. Die Kitten müssen den Menschen durch Spiel- und Schmusestunden als etwas Positives kennenlernen. Die Kitten sollten auch Alltägliches wie Staubsauger, Waschmaschine usw kennen lernen. Es ist zu begrüßen, wenn die Katzen (auch die Kitten) in ein gesichertes Freigehege im Garten dürfen. Oft ist dieses an den Wurfraum, der hell, freundlich und gefließt sein sollte, angeschlossen. Wie sind die Kätzin und die Kitten untergebracht? Sind Schlaf-, Futter- und Toilettenplätze sauber? Die Kitten sollten entwurmt, geimpft und gechipt sein, wenn sie abgegeben werden. Sie sind mindestens 12 Wochen alt, wenn sie in ihr neues Zuhause umziehen. Kaufvertrag, Ahnentafel, Gesundheitsnachweise und Impfpass sind auszuhändigen. Ein Weltseiger muss nicht unbedingt das beste Zuchttier sein, aber beide Elterntiere müssen zuchtzugelassen und frei von Erbkrankheiten sein und sie sollten auf einer Zuchtschau mit mindestens „Gut" bewertet worden sein. Zuchtschauergebnisse werden in der Ahnentafel eingetragen. Sie sollten ein einwandfreies Wesen haben. Angst und Aggression kann nämlich vererbt werden, aber auch erlernt bzw den Kitten „vorgelebt" sein. Manchmal bekommt man auch im **Tierheim** Rassekatzen, auch Kitten finden sich hier vermehrt. Überwiegend werden in Tierheimen aber erwachsene, rasselose Katzen angeboten, die auf ein liebevolles, dauerhaftes Zuhause warten. Solche Katzen waren meist unerwünscht, wurden vernachlässigt, unüberlegt angeschafft oder sie waren einfach im Weg. Manchmal führen aber auch Schicksalsschläge dazu, dass eine Katze ihr Zuhause verliert. Tod oder schwere Krankheiten des Halters zum Beispiel. Tierheime stehen unter tierärztlicher Kontrolle. Man sollte hier also eine gesunde Katze bekommen. Leidet die Katze unter einer Krankheit, sollte dies natürlich offen mitgeteilt werden. Man sollte sich nach den Eigenheiten der Katze erkundigen und auch darauf Rücksicht nehmen, wenn die Katze irgendwelche „Macken" an den Tag legt. Wenn man der Katze Zeit gibt und sie mit Ruhe und Geduld behandelt, wird sie das irgendwann mit Liebe und Zuneigung belohnen.

Dabei können Kitten ebenso wie erwachsene Katzen anhängliche, liebevolle Gefährten werden. Vertrauen muss man sich verdienen! Man sollte eine Tierheimkatze nur im absoluten Notfall zurück ins Tierheim bringen, wenn es wirklich überhaupt nicht funktioniert. Die Katze hat dann nur noch mehr Vertrauen eingebüßt.

Ein Kitten oder eine Katze sollte neugierig sein. Die Katze sollte gesund und munter wirken, Kitten mit einander spielen. Natürlich haben Katzen auch Ruhephasen, aber liegt eine Katze dauernd apathisch in der Ecke, ist sie wahrscheinlich krank und muss zum Tierarzt. Die Augen sind klar und glänzend, nicht verkrustet und auch die Nickhaut (drittes Augenlid) sollte nicht zu sehen sein. Das kann auf Parasiten oder Krankheit hindeuten. Die Augen tränen auch nicht. Zahnfleisch und Schleimhäute sind rosa, die Zähnchen weiß und sauber. Der After ist sauber. Die Geschlechtsöffnung ist bei einer kleinen Kätzin länglich, beim Kater rund und ohne Ausfluss. Das Näschen ist sauber, es kann warm oder kühl, feucht oder trocken sein, es darf aber keinen Ausfluss haben. Die Öhrchen sind sauber und geruchsfrei. Das Fell ist glatt und dicht, ohne Verfilzungen oder kahle Hautstellen. Der Körper ist straff und fest, schlank, nicht eingefallen, bei kastrierten Katzen kann das Bauchfell etwas hängen. Die Katze wirkt gesund und munter, die Pfötchen sind nicht rissig, der Gang ist gleichmäßig, die Atmung normal, ruhig und gleichmäßig. Ein Kitten kann nach dem Fressen ein kleines Bäuchlein haben, es darf aber kein Blähbauch sein. Ein Wurmbefall kann sich u.a. in aufgeblähtem Bauch und großem Appetit bei gleichzeitiger Abmagerung, Husten, Schnupfen, glanzlosen Augen, vorgefallener Nickhaut, Durchfall, Verstopfung, Erbrechen u.a. äußern. Bei Kitten kann ein schwerer Wurmbefall zum Tod führen, weshalb Kitten, tragende und säugende Kätzinnen regelmäßig entwurmt werden. Ein erwachsenes, gesundes Tier kann einen Wurmbefall besser wegstecken, sollte aber ggfs behandelt werden. Es schadet nicht, eine neu erworbene Katze einmal dem Tierarzt vorzustellen. Eventuell muss sie sowieso (nach-) geimpft werden.

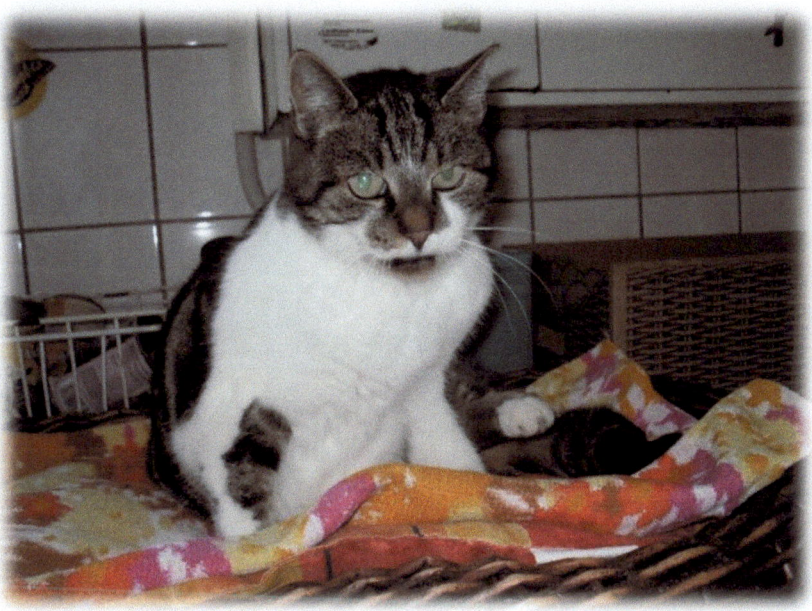

Wenn die Katze einzieht, sollte die **Grundausstattung** bereit stehen. Die Katze benötigt **Kratzspielzeug**. Ob man einen kleinen oder großen Kratzbaum, eine Kratzsäule (Kratzbaum ohne Liegefläche und ohne „Höhle"), eine Kratzwelle oder einen einfachen dicken Ast mit Sisal umwickelt als Kratzgelegenheit anbietet, ist eher zweitrangig. Es muss nur von der Katze akzeptiert werden. Kratzutensilien findet man im Zoofachhandel. Beim Kratzen kann sich die Katze strecken und bewegen, die losen Krallenhüllen von den Krallen schieben und darüber hinaus noch das Revier markieren, da sie das Kratzutensil mit dem Sekret aus ihren Duftdrüsen versieht. Hat die Katze nicht genügend Kratzspielzeug bzw -möbel, kann es passieren, dass Teppiche, Sofas oder andere menschliche Möbelstücke für das Kratzen „missbraucht" werden. Ist ja auch nicht so schwer, der Katze ein paar Kratzutensilien anzubieten, oder? Bäume und Säulen sollten standfest sein, ggfs. kann man sie auch am Boden und an der Decke fixieren. Die Katze benötigt auch **Futter- und Wassernäpfe**. Ein Napf ist für das Nass- oder Rohfutter, zwei Näpfe sind für Wasser (ein Wassernapf wird neben dem Futternapf platziert, und einer oder mehrere andere an anderen Stellen in der Wohnung, da Katzen immer zur Wasserstelle hinwandern). Am besten verwendet man Näpfe aus Edelstahl, Keramik, Porzellan oder Glas. Manche Katzen mögen keine Edelstahlnäpfe, besonders wenn sie Rohfutter bekommen. Man sollte dann ein anderes Material wählen. Die Näpfe müssen immer sauber sein. Eine reine Wohnungskatze braucht **Katzengras** (oder normales Gartengras) in einem Topf, gut erreichbar. Es hilft, verschluckte Haare wieder hervorzuwürgen. Freigänger müssen nicht unbedingt Katzengras bekommen, sofern sie draußen genug Gras finden. Eine Katze braucht auch einen **Schlafplatz**. Viele Katzen schlafen gerne bei ihrem Menschen im Bett oder auf dem Sofa. Man kann der Katze aber auch ein Körbchen mit Kissen und Decke anbieten. Manche Katze legen sich auch gerne in einfache Pappkartons. In Pappkartons kann man sich auch gut verstecken. Katzen mögen Umgebungen, die etwas unaufgeräumt sind lieber als solche, wo alles „picobello" ist. In einem unaufgeräumten Zimmer mit vielen Versteckmöglichkeiten wird man nicht so schnell gesehen, kann aber alles in Ruhe beobachten. Und ggfs. einen Angriff aus dem „Hinterhalt" starten! Übrigens stellt man eine **Katzentoilette** nicht direkt neben Futter- und Wassernapf. Ob mit oder ohne Haube hängt von den Vorlieben der Katze ab. Unter Hauben können sich aber Gerüche stauen, und das haben viele Katzen nicht besonders gerne. Für Kitten darf die Schale nur einen kleinen Rand haben. Man sollte immer eine Schale mehr aufstellen als man Katzen hält, sofern diese keinen Freigang bekommen. Bei Freigängern reicht pro Katze eine Schale. Man kann erstmal die gewohnte Streu verwenden und sie ggfs ausschleichen. Manche Katzen stört es nicht, wenn die Streusorte immer mal plötzlich gewechselt wird. Andere reagieren mit Unsauberkeit. Es gibt Plastiktüten für Katzeklos, die samt Inhalt entfernt werden. Sie erleichtern das Saubermachen erheblich. Man muss auch nicht die Schale zentimeterhoch mit Streu füllen – den Boden bedecken, sodass die Katzen ihre Hinterlassenschaft zubuddeln können, reicht völlig. Dann kann man die Streu nach jeder Benutzung komplett wechseln, ohne zuviel zu verbrauchen. Aber das ist Geschmackssache und hängt auch von der Katze ab. Man kann die Häufchen und Klümpchen auch mehrmals täglich mit einem **Gitterschäufelchen** herausfischen. Dennoch sollte der Inhalt der Katzentoilette ein- bis zweimal wöchentlich komplett gewechselt werden, sofern die Katze die Schale regelmäßig benutzt. Die Katzentoilette sollte ruhig und zugfrei stehen und so dass die Katze ungestört ist, wenn sie das „Örtchen" aufsucht. Eine nicht oft und gründlich genug gereinigte Katzentoilette kann zu Unsauberkeit der Katze führen. Die Katzentoilette sollte nicht in unmittelbarer Nähe zu Futter- und Schlafplätzen aufgestellt werden. Man braucht je nach Fellart auch **Kämme** und **Bürsten**, eventuell **Entfilzerkämme**. Auch eine **Zeckenzange** leistet bei Freigängern gute Dienste. **Spielzeug** darf im Katzenhaushalt auch nicht fehlen. Kratzspielzeug ist wichtig, ansonsten haben Katzen unterschiedliche Vorlieben. Federbällchen und -angeln, Stoffmäuse, Katzenminzesäckchen und einiges mehr erfreuen die Miezen.

Sie eignen sich für Jagdspiele (mit dem Menschen), aber auch zum Kratzen. Sie dürfen keine giftigen, scharfen, spitzen oder verschluckbaren Teile beinhalten.

Man sollte sich einige Tage frei nehmen, wenn die Katze ins Haus kommt, um ihr die **Eingewöhnung** zu erleichtern. Am besten wird die Katze in einer stabilen, leicht zu reinigenden und wasserdichten Transportbox abgeholt. Dort hinein kommt ein Handtuch oder eine Decke. Es gibt auch Transporttaschen in anderen Ausführungen im Zoofachhandel. Taschen sind allerdings etwas teurer (ca. 80-90 €). Beim Abholen der Katze sollte eine

Person fahren, die andere hält die Katze in einer Transportbox auf dem Schoß. Es kann die Katze beruhigen, wenn in der Box eine Decke, ein Handtuch oder ein kleines Spielzeug liegt, das den gewohnten Geruch aus der alten Umgebung trägt.

Zuhause ist schon vor Ankunft der Katze alles hergerichtet worden: Ein Karton, eine Holzkiste, ein Liegekissen oder ein Körbchen mit Decke oder Kissen als Schlafplatz für die Katze. Eine Katzentoilette mit anfangs der gewohnten Streu muss an einem ruhigen, zugfreien Platz bereit stehen. Die Streu kann man nach und nach auch gegen eine andere ersetzen. Die Katze sollte auf dem Örtchen ihre Ruhe haben. Ob mit oder ohne Haube, hängt von den Vorlieben der Katze ab. Auch das

Schlafkörbchen sollte in einer ruhigen Ecke stehen. Viele Katzen suchen sich allerdings auch andere Schlafplätze: Kartons, Sofas, Menschenbetten, Stapel frischer Wäsche, Altpapierkartons.... Man sollte die Katze erst streicheln oder gar auf den Arm nehmen, wenn sie von sich aus herankommt, an der Hand schnüffelt oder gar Köpfchen gibt. Die meisten Katzen mögen höhlenartige Verstecke (Kartons, Höhlen in Kratzbäumen usw). Aber auch Haushaltsgeräte mit Türen (Waschmaschinen, Wäschetrockner, Öfen, Spülmaschinen usw). Solche Dinge sowie Behältnisse mit Deckel usw müssen stets verschlossen gehalten werden. Es ist tatsächlich schon vorgekommen, dass Katzen versehentlich in Waschmaschinen geraten sind und diese eingeschaltet wurden. Das ist ein qualvoller Tod, wird die eingesperrte Katze nicht rechtzeitig befreit! Giftige Zimmerpflanzen gehören außer Reichweite der Katze. Gefährliche Gegenstände wie Garn, Nadeln, Messer, Scheren, Gummis, Stanniol sollten ebenfalls sicher verwahrt werden. Es besteht die Gefahr von Stich-

und Schnittverletzungen, Verschlucken oder auch Abschnüren von Körperteilen (z.B. wenn die Katze sich in Wolle verheddert). Medikamente, Reinigungsmittel und Chemikalien gehören ebenfalls nicht in Reichweite einer Katze. In Plastiktüten können Katzen ersticken. Bei Papiertüten sollte man die Henkel durch- oder abschneiden, damit die Katze sich nicht darin verfangen kann. Gegenstände, die für den Menschen einen besonderen Wert haben, aber zerbrechlich sind, sollten sich ebenfalls nicht in Reichweite befinden. Katzen sind zwar wirklich keine Trampeltiere, aber sie können dennoch versehentlich etwas umwerfen, wenn sie z.B. einmal auf einen Schrank springen. Werden z.B. Wollfäden verschluckt, kann das zu Magen-Darm-Schäden führen. Giftige Pflanzen sollten ebenfalls für die Katze unerreichbar sein. Vom heißen Herd hält man die Katze solange fern, bis dieser erkaltet ist. Oder man stellt einen Topf mit kaltem Wasser auf die noch heiße Platte des ausgeschalteten Herds.

Kommt die Katze ins Haus, sollte sie zur Eingewöhnung erstmal nur zu ein oder zwei Räumen Zutritt haben. Nach einigen Tagen darf die Katze dann in das ganze Haus (Wohnung). Bei Kitten kann man anfangs bestimmte Bereiche (z.B. Treppen) absichern, um Stürze zu vermeiden. Auch gekippte Fenster sollten ggfs mit einem Kippschutz versehen werden. Wenn eine Katze nämlich in einem gekippten Fenster steckenbleibt, kann sie sich schwere bis tödliche Verletzungen zuziehen.

Ein Kitten, das von Mutter und Geschwistern getrennt ist, aber auch eine ältere Katze, die ihr Zuhause wechseln musste, muss sich erst einmal mit der neuen Situation abfinden. Man sollte ihr anfangs etwas Freiraum lassen, für sie da sein, aber sie nicht bedrängen. Freundlich mit ihr sprechen, sie vielleicht mit einem Leckerli oder Spielzeug vorsichtig locken, aber sie nicht zu irgend etwas zwingen. Blinzeln oder kurzes Wegschauen vermitteln der Katze friedliche Absichten. Man sollte sich zur Katze auf den Boden setzen, versuchen mit einem Spielzeug ihr Interesse zu wecken, vielleicht mit einer Federangel, die man je nach

Temperament der Katze langsam oder schneller, gerade oder in Schlangenlinien über den Boden bewegt, mal innehält, sie dann wieder weiterbewegt. Die Katze sollte sie natürlich zwischendurch und auch am Ende immer „erbeuten" dürfen. Hat die Katze sich ein paar Tage eingelebt, kann man sie mit **Geschirr und Leine** draußen herumführen, sofern sie später Freigang bekommen soll. Die Katze sollte geimpft und natürlich kastriert sein, wenn sie Freigang bekommt. Nach vier Wochen (spätestens!) sollte das Thema Geschirr und Leine vom Tisch sein. Dabei sollte sich der Mensch von der Katze führen lassen, die Leine dient als Sicherheit, damit die Katze nicht ausbüchst. Dauerhaft ist kaum eine Katze von einer Leine begeistert, für den Anfang leistet diese aber gute Dienste. Katzenleinen und -geschirre gibt es in verschiedenen Ausführungen im Zoofachhandel. Freigängerkatzen sollte besser kein Halsband tragen, sie könnten irgendwo hängen bleiben, sich verletzen oder gar strangulieren. Eine **reine Wohnungskatze** soll sich in der Wohnung wohlfühlen. Das ist nicht so einfach, da Katzen eigentlich nicht dazu geeignet sind, auf ihren Freiraum in der Natur zu verzichten. Wenn es aber sein muss, ist es mit etwas Geschick und Phantasie jedoch durchaus machbar. Langeweile ist einer reinen Wohnungskatze ein Graus, denn schließlich kann sie sich nicht wie ein **Freigänger** draußen selbst beschäftigen: Kontaktliegen mit anderen Katzen, Fangen von Kleintieren usw. Reine Wohnungskatzen sollten möglichst nicht alleine gehalten werden. Obwohl Katzen eigenbrötlerisch sind, sind sie keine reinen Einzelgänger. In der Natur gibt es regelrechte Katzentreffen, man kann mit befreundeten Katzen fangen spielen und Kontakt liegen, man kann unerwünschte Katzen vom Revier verscheuchen, sich die Sonne auf den Pelz scheinen lassen und Kleingetier wie Ratten und Mäuse fangen. All das kann eine reine Wohnungskatze nicht. Deshalb muss ihr Lebensraum in der Wohnung entsprechend gestaltet werden. Einige **Versteckmöglichkeiten** wie z.B. Holzkisten oder Pappkartons, dazu mehrere Kratzmöglichkeiten, ein Kissen auf der Fensterbank, ein Catnipkissen (Katzenminze), Kletterhilfen wie Leitern oder Taue und ein mit Netzen oder Gittern abgesicherter Balkon (oder mangels eines Balkons ein abgesichertes Fenster) sowie am besten mindestens ein Artgenosse und ausreichend **Schmuse- und Spielrunden** mit dem Menschen machen das Leben einer reinen Wohnungskatze schon weitaus angenehmer und interessanter. Man kann Beutespiele mit der Katze machen. Z.B. kann man die Katze einer Federangel hinterherjagen lassen (als Ersatz für fehlende Kleintierjagden). Zwischendurch und auch am Ende des Spiels sollte die Katze die Angel erbeuten dürfen. Beliebt sind auch **Laserpointer**. Hier muss man aber einiges beachten. Man darf der Katze nicht in die Augen leuchten, und am Ende des Spiels sollte die Katze einen Leckerbissen oder ein Spielzeug erbeuten dürfen, andernfalls ist sie frustriert. Denn schließlich kann sie den Lichtpunkt ja nicht wirklich fangen. Erst hat sie ihn zwischen den Pfoten, und dann ist er schon wieder weg. Die Katze kann ihn nicht festhalten, mit den Krallen traktieren oder fressen. Deshalb muss sie im Anschluss an das Laserpointerspiel SOFORT ein schönes Leckerchen oder ein begehrtes Spielzeug bekommen. Im Zweifelsfalls verzichtet man besser auf den Laserpointer. Es gibt auch Spielzeuge, um die Katze beim Alleinsein zu beschäftigen. Sinnvoll sind **Fummelbretter**. Sie sind im Fachhandel auch als **Cat Activity** bekannt. Man kann sie im Zoofachhandel kaufen. Sie bestehen meist aus Kunststoff, eventuell aus Holz und verfügen über Vertiefungen, Becher, „Tunnel" usw, in denen man Leckerchen (z.B. keine Trockenfleischstückchen) verteilen kann. Die Katze muss die Leckerchen dann herausangeln. Das beschäftigt, hält den Geist fit und trainiert auch die Geschicklichkeit. Solche Fummelbretter beschäftigen die Katze beim Alleinsein. Sie müssen regelmäßig gereinigt und ggfs neu aufgefüllt werden.

Im Umgang mit der Katze ist einiges zu beachten. Begegnet man seiner Katze, grüßt man sie freundlich mit ihren Namen und streichelt sie. Will sie schmusen, kann man sich darauf einlassen. Vor dem Streicheln kann man ihr die Hand zum Beschnuppern hinhalten. Auch Katzen untereinander begrüßen sich per Duftkontrolle. Futterzeiten und Spielerunden kann man ritualisieren.

Sie sind positiv und vermitteln der Katze Sicherheit. Man kann die Katze anblinzeln oder zurück blinzeln, wenn die Katze blinzelt. Blinzeln dient unter Katzen als Lächeln und auch als Beschwichtigung. Man sollte die Katze dagegen nicht unvorhergesehen von oben packen, wenn es nicht sein muss. Die Katze kann Angst bekommen und sich als „Beute" fühlen. Besser schiebt man eine Hand unter ihr Hinterteil und eine unter die Brust und nimmt die Katze so vorsichtig auf den Arm. Größere Renovierungen und Umstellungen von Möbeln im Haus sollte man der Katze erst zumuten, wenn sie sich eingelebt hat und sich sicher fühlt. Lärm, Hektik und Stress sind möglichst zu vermeiden. Beim Schlafen, Fressen und beim Aufsuchen der Katzentoilette sollte die Katze ungestört sein.

Katzen zeigen nicht gerne Schwäche. In der Natur könnte das Feinde anlocken. Der Mensch muss seine Katze immer genau im Auge haben, um **Krankheitsanzeichen** rechtzeitig zu erkennen. Der Mensch kann viel dazu beitragen, dass die Katze gesund und munter bleibt. Insbesondere eine **artgerechte Ernährung** ist wichtig. Und da leistet Fertigfutter selten einen optimalen Beitrag. Katzen sind sehr reinlich und putzen sich täglich mindestens 3 Stunden. Die Katze sollte einmal jährlich dem Tierarzt vorgestellt werden, ggfs. werden dann auch die **Impfungen** aufgefrischt. Katzen sind **Fleisch- oder Beutetierfresser**. Die kleinen Katzenarten, zu denen auch unsere Hauskatze zählt, ernähren sich überwiegend von Kleintieren wie Ratten und Mäusen, hier und da werden auch mal Vögel, Maulwürfe, Insekten, Spinnen, junge Kaninchen u.a. verspeist. Afrikanische Falbkatzen fressen sogar große Spinnen und Skorpione. Das Beutetier wird mit Haut und Haar verspeist, mit Fell und Knochen, mit Fleisch, Innereien und Magen-Darminhalt. Am besten ist für die Katze das **Barfen**. Dabei wird die natürliche Ernährung der Katze nachgeahmt. Einige Katzenhalter verfüttern ganze, rohe Beutetiere wie (tote!) Farbratten und -mäuse sowie Eintagsküken. Solche kann man gefroren im Handel kaufen. Sie sind hygienisch einwandfrei und die beste Art, den kleinen Stubentiger zu ernähren. Sie müssen vor der Fütterung aufgetaut werden (am besten in einem Plastikbehälter im Kühlschrank). Man kann aber auch anderes Fleisch kaufen (alles außer Schwein, das einen für Hunde und Katzen tödlichen Erreger enthalten kann) und durch entsprechende Zusätze ergänzen. Knochen müssen roh gefüttert werden, sie können im erhitzten Zustand splittern. Sie helfen, die Zahngesundheit zu erhalten. Zuviel davon kann zu Verstopfung, Erbrechen oder Durchfall führen. Also maßvoll einsetzen. Für Katzen eignen sich nur wenige Knochen, wie Hühnerflügel und -hälse und Kaninchenrippen. Neben toten Eintagsküken, Farbratten und -mäusen eignen sich auch andere Fleischsorten (alles außer Schwein). Besonders geeignet sind Huhn, Pute und Kaninchen. Wenn es die Katze mag, kann einmal wöchentlich Fisch gefüttert werden. Roher Fisch kann komplett gegeben werden, bei gedünsteten oder gekochten Fischen müssen Gräten usw entfernt werden. Hin und wieder kann auch mal etwas Thunfisch im eigenen Saft aus der Dose (ohne Gemüse o.ä.) gegeben werden, wenn es die Katze mag.

Ein BARF-Menü könnte für einen Tag ungefähr so aussehen:

100 g Hühchenbrust

10 g Hühnerherz, 10 g Hühnerleber und 10 g Hühnermagen

10 g geraspelte Karotte

5 g Haferflocken

1 Tagesportion Knochenmehl (ca. 0,5 g)

Einige Tropfen Lachsöl

Einige Tropfen Rinderblut oder eine Messerspitze Blutmehlpulver

Ein Löffel Brühe von ausgekochten Rindermarkknochen

Eine Prise Seealgenmehl

Eine Prise Kokosflocken und einige Tropfen (zerlassenes) Kokosöl

Die Zutaten werden gemischt, Fleisch und Innereien gewürfelt und dann verfüttert. Man kann BARF-Mahlzeiten auch auf Vorrat zubereiten und in Gefrierbeuteln oder Kunststoffdosen fertig portioniert einfrieren. Einen Abend vor geplanter Verfütterung nimmt man die Portion aus dem Gefrierschrank und lässt sie im Kühlschrank langsam auftauen. Das Futter sollte Zimmertemperatur haben, wenn man es der Katze reicht. Frisches Wasser muss immer bereit stehen; ein Napf beim Futterplatz, und ein oder mehrere andere Näpfe an anderen Stellen in der Wohnung, da Katzen zur Wasserstelle „hinwandern". Katzen haben ihre Vorlieben. Man wird schnell herausfinden, was dem kleinen Stubentiger schmeckt. Fleisch kann man in Supermärkten und Fleischereien, aber auch in Öko- und Bioläden bekommen. Auch in verschiedenen BARF-Shops und Zoofachgeschäften (auch im Internet) kann man Fleisch und Supplemente bekommen. Man sollte eher hochwertige Produkte füttern und Billigprodukte meiden. Einige Shops bieten auch gefrorene, ganze Farbratten, Farbmäuse und Eintagsküken an. Man kann sie ausschließlich füttern, sie enthalten alles, was die Katze braucht. Man kann sie aber auch nur hin und wieder füttern. Sie sind für viele Katzen ein besonderes Vergnügen, kommen der natürlichen Ernährung am nächsten und pflegen auch noch die Zähne. Als Leckerchen für zwischendurch eignen sich Trocken- und Dörrfleisch, getrocknete Innereien, ab und an ein Stückchen milder Käse, hier und da ein Eigelb (oder ganzes Ei), roh oder gekocht. Wer nicht roh füttern möchte, muss ein gutes **Fertigfutter** suchen, und das ist nicht leicht. **Trockenfutter** eignet sich nur in kleinen Mengen als Leckerchen zwischendurch. Es muss auf Fleischbasis aufgebaut sein und sollte nicht unter 70 % Fleisch aufweisen. Übermäßige Getreidegaben (wie wir sie bei den gängigen trockenen und nassen Fertigfuttern finden, die teilweise aus über 80 % Getreideabfällen bestehen!), sind tabu für eine Katze. Da keine Katze soviel trinkt wie sie bei Trockenfutter aufnehmen müsste, darf Trockenfutter nur in kleinen Mengen als Leckerchen gegeben werden. Eine Katze müsste auf eine Schale Trockenfutter drei Schalen Wasser schlabbern. Welche Katze tut das? Die meisten

Fertigfutter enthalten neben Riesenmengen Getreide auch Schlachtabfälle (z.B. Krallen, Haare, Schuppen, Federn), Zucker, um für das menschliche Auge weniger ekelhaft zu erscheinen (was nur mäßig gelingt) und Lockstoffe, damit der Müll auch gefressen wird. Solche Futter führen zu Zahn-, Nieren-, Krebs- und anderen Leiden, zu Diabetes, Herzerkrankungen und vielem mehr. Wenn schon Fertigfutter, dann auf Fleischbasis – und am besten Nassfutter, da eine Katze ihren Flüssigkeitsbedarf hauptsächlich über die Nahrung – also das Futter - deckt. Als Basis wird die Katze mit Rohfleisch gefüttert oder mit einem Nassfutter mit mindestens 70 % Fleisch. Solches Futter wirkt auf den ersten Blick etwas teurer, aber erstens verbraucht die Katze davon sehr viel weniger als von minderwertiger Nahrung, und zweitens dankt sie es mit guter Gesundheit. Das spart spätere Tierarztkosten. Wenn die Katze es annimmt und gut verträgt, kann man auch Rohfutter mit einem guten Nassfutter mischen. Allerdings vertragen das nicht alle Katzen, und man sollte dann einige Stunden zwischen Rohfutter- und Dosenmahlzeit verstreichen lassen. Wenn es die Katze verträgt, darf sie ab und zu wenig (!) Milch, Käse, Frischkäse, Hüttenkäse, Quark, Butter und Naturjoghurt bekommen. Viele Katze vertragen aber mit zunehmendem Alter Laktose nicht mehr und reagieren oft mit Durchfall u.a. In diesem Fall weicht man entweder auf laktosereduzierte Produkte aus oder lässt solche Lebensmittel in der Katzenernährung ganz weg. Es gibt aber durchaus Katzen, die solche Lebensmittel sehr schätzen und auch gut vertragen. Bei manchen Katzen ist es reine Gewöhnungssache. Wird immer wieder in kleinen Mengen entsprechendes Futter gegeben, verträgt es die Katze auch. Auf diese Weise stellen sich nämlich die entsprechenden Darmbakterien bei der Katze wieder ein. Aber das funktioniert wohl nicht bei allen Katzen.

Man kann Rohfutter auch kochen. Hier gehen aber wichtige Inhaltsstoffe verloren, u.a. wird das für Katzen wichtige Taurin zerstört, eine natürliche Aminosäure, die in rohem Fleisch vorkommt, besonders in Herz, aber auch in Gehirn und

Grünlippmuschel. Man kann es auch durch künstliche Zusätze supplementieren, z.B. durch Tropfen, Pulver oder Tabletten. Meiner Erfahrung nach wird gekochtes Fleisch auch nicht gefressen. Ein Mangel an Taurin führt bei Katzen z.B. zu Unfruchtbarkeit, vorzeitigem Abort von Kitten, Herz-, Augen- und Nierenschäden. Durch Erhitzen wird Taurin zumindest teilweise zerstört. BARFen ist eine tolle Sache für Hunde und Katzen. Man sollte sich aber in das Thema einlesen. Im Anhang sind einige entsprechende Bücher aufgelistet. Katzen bekommt das BARFen jedenfalls sehr gut. Gesunde Zähne, beste Blutwerte, schönes Fell, allgemein gutes Wohlbefinden und Gesundheit der Katze – was will man mehr? Auch gebarfte Katzen können krank werden, aber die Gefahr ist weit geringer als bei mit Getreideabfällen traktierten Katzen. Viele Krankheiten haben ihren Ursprung zumindest teilweise in Industriefutter. Mit dem Füttern von BARF oder einem der wenigen guten Dosenfutter kann man aber viele Gefahren verhüten oder abmildern. Im Übrigen dürfen Knochen nur roh gegeben werden, sie könnten im erhitzten Zustand splittern und die Katze verletzen. Bei rohen Knochen besteht die Gefahr in der Regel nicht. Eier können je nach Vorlieben der Katze ganz (auch mit zerkleinerter Eierschale anstelle von Knochen im Futter) gefüttert werden, oder man füttert nur das Eigelb. Ei kann roh oder gekocht gegeben werden. Ein bis zwei Eier reichen für eine Katze wöchentlich. Eier sind sehr gesund. Sie enthalten Calcium, Phosphor (in der Schale – Fütterung der zerkleinerten Schale ersetzt die Knochenfütterung) und alle Vitamine außer Vitamin C, denn schließlich sind sie eigentlich dazu da, ein kleines Küken bis zum Schlüpfen optimal zu ernähren. Man kann Ei alleine geben, wenn es die Katze mag und verträgt aber auch mit etwas Quark, Naturjoghurt oder Milch vermischt anbieten (bei Katzen mit Laktoseintoleranz auf normale Milch verzichten, Naturjoghurt oder Quark wird aber in kleinen Mengen auch von solchen Katzen oft ganz gut vertragen). Pflanzliche Stoffe im Futter dürfen nur in winzigen Mengen vorhanden sein. Sie sind als Ballaststoffe wertvoll, auch haben Beutetiere winzige Mengen pflanzliche Bestandteile im Magen-Darm-Trakt. Je ein paar

Tropfen Kokosöl und eine Prise Kokosflocken ins Futter gestreut, hilft recht gut gegen Würmer, ins Fell gerieben auch gegen äußere Parasiten. Im Anhang sind einige gute Bücher zum Thema Rohfütterung genannt. Auch einige Internetforen bieten Informationen. Dort können sich Gleichgesinnte austauschen und Informationen sammeln.

Ein **gepflegtes Fell** schützt vor Kälte, Nässe und bis zu einem gewissen Grad sogar vor Hitze. Es ist parasiten- und schmutzabweisend. Nicht umsonst sind Katzen täglich mindestens 3 Stunden damit beschäftigt, ihr Fell zu putzen. Katzen mit kürzerem Fell werden ein- bis zweimal wöchentlich gebürstet, langhaarige Katzen, die zu Verfilzungen neigen, am besten täglich. Viele Katzen genießen diese Pflegemaßnahmen, wenn sie sie von Anfang an gewohnt sind. Andere muss man mit gutem Zureden und Leckerli dazu bringen. Kurzhaarkatzen kann man auch einfach mit einem feuchten Fensterleder abreiben. Man kann auch eine Noppenbürste nehmen, wenn die Katze klassische Bürsten nicht mag. Da die Katze beim Putzen viele Haare verschluckt, die sich im Magen zu Haarballen zusammenstopfen, muss man sie bei der Fellpflege unterstützen. Die Katze muss die Haare mühsam hervorwürgen, ein Teil wird auch mit dem Kot ausgeschieden. Werden zuviele Haare verschluckt und nicht hervorgewürgt oder ausgeschieden, müssen diese im Magen aufgelöst werden. Gelingt das nicht, müssen die Haare operativ vom Tierarzt entfernt werden. Um die Katze zu unterstützen, sollte sie ausreichend gebürstet werden. Gesunde Ernährung wie BARF und ein gutes Dosenfutter auf Fleischbasis helfen, übermäßiges Haaren in Grenzen zu halten. Ansonsten wird die Katze durch Kämmen und Bürsten entlastet. Verknotete Haare muss man mit dem Entfilzerkamm entwirren, gelingt das nicht, muss man die Haarknoten mit einer runden Schere vorsichtig längs von unten nach oben aufschneiden. Bei Freigängern muss von Frühjahr bis Herbst auf **Zecken** im Fell und auf der Haut geachtet werden. Diese Spinnentiere krabbeln auf Gräsern und im Gebüsch herum. Sie können bei Mensch und Tier böse Infektionen wie Borreliose, Meningoencephalitis usw hervorrufen. Sie sollten schnell abgesammelt werden, sofern sie sich noch nicht festgebissen haben. Haben sie sich schon fest gebissen, entfernt man sie schnell mit einer Zeckenzange, die man beim Tierarzt, im Zoofachhandel, eventuell auch in der Apotheke bekommen kann.

Man sollte Zecken nicht mit irgendetwas beträufeln, um sie zu betäuben, da sie im Todeskampf noch einmal ordentlich ihr giftiges Sekret ausspucken. Spot-On-Präparate für Katzen helfen gegen Zecken, können aber auch den Katzenorganismus beeinträchtigen. Diese Spot-Ons werden auf die Haut, am besten in den Nacken, getropft. Spot-On-Präparate gibt es auch gegen innere Parasiten. Man bekommt sie beim Tierarzt. Bei geringerem Befall oder zur Vorbeugung kann man es auch erstmal

mit natürlichen Mitteln wie z.B. Kokos versuchen. Kokosöl ins Fell gerieben hilft gegen äußere Parasiten, Flocken und Öl helfen im Futter auch gegen innere Parasiten. Oder die Katze leckt das Öl aus dem Fell. Bei stärkerem Befall, bei Jungtieren oder geschwächten Tieren sollte man aber ggfs. auf ein Präparat vom

Tierarzt ausweichen. Die **Augen** kann man ggfs. vorsichtig von innen nach außen mit einem feuchten Tuch auswischen. Die **Ohren** wischt man am besten vorsichtig mit einem in Babyöl getränkten Wattepad aus oder gibt flüssigen Ohrenreiniger (aus dem Zoofachhandel) hinein. Der Schmutz löst sich dadurch, und die Katze schüttelt ihn heraus. Üble Gerüche, borkige Beläge, Blutungen o.ä. sollten vom Tierarzt abgeklärt werden. Auch Milben, die sich z.B. durch schwarze Ablagerungen in den Ohren bemerkbar machen können, sollten vom Tierarzt behandelt werden. Die **Krallen** pflegt die Katze durch Wetzen an geeigneten Gegenständen selbst. Dabei sreift sie lose Krallenhüllen ab. Rissige oder zu lange Krallen kann man vom Tierarzt ggfs behandeln bzw kürzen lassen. Rissige Krallen können z.B. auf falsches Futter hindeuten. Ein Kürzen der Krallen ist aber normalerweise nur nötig, wenn die Katze dauernd damit hängen bleibt. Man sollte der Katze auch regelmäßig ins Schnäuzchen schauen. **Belag an den Zähnen und Zahnstein** müssen ggfs vom Tierarzt entfernt werden. Zahnstein sieht nicht nur unschön aus. Er führt zu Schmerzen, Vereiterungen, losen und zerstörten Zähnen. Durch die Bakterien- und Eiterbildung kann Zahnstein auch an Folgeschäden wie Nieren- und Herzerkrankungen mitbeteiligt sein. Gutes Futter (BARF mit größeren rohen Fleischstücken, rohen Knochen wie Kaninchenrippen, Hühnerflügeln und -hälsen) kann Zahnstein verhindern oder gering halten. Oder man füttert ganze rohe (tote!) Beutetiere wie Farbratten und -mäuse oder Eintagsküken. Freigänger fangen meistens draußen Kleingetier wie Ratten und Mäuse, was eine gute Hilfe darstellt. Hilft das alles nicht, muss der Tierarzt den Zahnstein unter Narkose mittels Ultraschall entfernen. Getreideabfallfutter, sowohl nass als auch trocken, führt neben diversen anderen Gesundheitsschäden auch zu Zahnstein, weil der Getreideabfall durch den Speichel der Katze aufweicht und an den Zähnen der Katze festpappt. Zucker ist hier meist auch noch enthalten. Aber auch Trockenfutter auf Fleischbasis verhindert Zahnstein nicht, zumal die Brocken mitunter einfach geschluckt werden ohne sie zu zerbeißen. Man kann es – sofern BARFen alleine nicht ausreicht – mit

Zähneputzen versuchen. Ich verwende 3%ige Wasserstoffperoxydlösung, mit denen ich die Katzenzähne putze (ca. 1-2 mal wöchentlich). Anschließend wird Dentisept™ aufgetragen.

Diese klebrige Substanz haftet an Zähnen und Zahnfleisch und zerstört Bakterien und Pilze und kann Zahnstein verhindern. Reicht das nicht, muss der Tierarzt den Zahnstein entfernen. Trocken- und Dörrfleisch hilft eventuell, aber eine Garantie gibt es nicht. Wenigstens sind Trocken- und Dörrfleisch (und -fisch) gesunde, artgerechte Katzenleckerli. Selbstverständlich sind Katzentoilette, Futterplatz und Futter- und Wassernäpfe mindestens einmal täglich gründlich zu reinigen. Bei **Parasitenbefall** ist die Katze entsprechend mit einem Mittel vom Tierarzt zu behandeln (innerlich/ äußerlich), sofern natürliche Mittel wie Kokos o.ä. versagen sollten. Bei **Flohbefall** sollte man alle Aufenthaltsplätze der Katze ebenfalls mit behandeln, z.B. durch sog. „Indorex-Foggers", mit denen man die Wohnung flächendeckend einnebelt. Dabei werden alle Parasiten und ihre Nissen abgetötet. Alle Menschen und Tiere müssen in dieser Zeit die Wohnung verlassen, auch Lebensmittel sollten nicht herumliegen. Anschließend muss in der ganzen Wohnung gründlich staubgesaugt und gelüftet werden. Wäsche, auf der die Katze gerne liegt, z.B. Sofakissen, Bettwäsche, Decke im Katzenkörbchen usw, sollte ebenfalls gründlich in der Waschmaschine bei möglichst hohen Temperaturen gewaschen werden. Aber Katzen lieben auch so frisch gewaschene Wäsche! **Wurmbefall** kann sich die Katze z.B. zuziehen, wenn sie draußen eine infizierte Maus o.ä. frisst. Ein geringer Wurmbefall alleine ist noch nicht unbedingt gefährlich, tut der Katze aber auch nicht gut. Ich habe gute Erfahrungen mit Kokosöl und -flocken im Futter gemacht. Diese helfen, Würmer auszutreiben. Andere Tierhalter verwenden auch rohe Möhren, Thymian, Knoblauch (nur in kleinsten Mengen! Zuviel kann Blutarmut verursachen). Reicht das alleine nicht aus, sollte man auch hier ein Mittel vom Tierarzt verwenden. Geschwächte Tiere, Kitten, Jungtiere sowie tragende und säugende Kätzinnen sollten regelmäßig, etwa alle 2-3 Monate, entwurmt werden, da ein starker Wurmbefall die Kitten und Embryonen schädigen und auch töten kann. Auch wenn immungeschwächte Personen oder kleine Kinder im Haus sind, sollte man alle 2-3 Monate chemisch mit einem Präparat vom Tierarzt entwurmen. Andererseits sollte man aber bedenken, dass regelmäßiges chemisches Entwurmen auch den Organismus der Katze belastet. Wenn es nicht aus irgendwelchen Gründen nötig ist, die Katze chemisch zu entwurmen, kann man es auch ruhig erstmal mit natürlichen Mitteln versuchen und wenn diese versagen auf ein Mittel nach Empfehlung des Tierarztes umsteigen. Würmer leben in den Eingeweiden der Katze und können auch andere Parasiten und Krankheiten übertragen. Bei einem Kitten oder einer geschwächten Katze kann ein starker Wurmbefall zum Tod führen. Es gibt hier verschiedene Mittel wie Pasten und Pulver, die oral verabreicht, ggfs. ins Futter gemischt werden, oder Spot-on-Präparate, die man auf die Haut im Nacken träufelt. Der Auswahl des Präparats erfolgt nach Empfehlung des Tierarztes und hängt auch von der Katze ab. Lässt sie sich nur schwer Medikamente eingeben und auch nicht durch das Verstecken in Leckerchen wie z.B. Frischkäse überlisten, kann ein Spot-On die bessere Wahl sein. Einen Wurmbefall kann sich die Katze z.B. zuziehen, wenn sie an einem befallenen Häufchen schnüffelt oder ein infiziertes Kleintier frisst. Beim BARFen braucht man da keine Angst zu haben. Zum einen stammt das Fleisch von Tieren, die für den menschlichen Verzehr zugelassen waren und einer Fleischbeschau durch Tierärzte unterzogen wurde. Und zum anderen sollte man das Rohfleisch vor dem Verfüttern einmal einfrieren. Da überlebt kein Wurm! Außerdem sollten beim BARFen die Hygienemaßnahmen eingehalten werden.

Kaum eine Katze geht gerne zum **Tierarzt**. Erst in die Transportbox verfrachtet, dann (womöglich noch mit dem Auto) durch die Gegend kutschiert werden, schließlich beim Tierarzt im Wartezimmer sitzen – häufig mit anderen Tieren und Menschen, die seltsamen Gerüche – und schließlich beim Tierarzt auf den Tisch verfrachtet werden. In der Regel folgt dann eine unangenehme Behandlung und noch eine Spritze. Anschließend ist die Katze natürlich stundenlang beleidigt. Aber dennoch – der eine oder andere Tierarztbesuch wird der Katze nicht erspart bleiben. Manche Katzen sitzen ruhig in ihrer Transportbox und lassen sich alles friedlich gefallen – oder zumindest über sich ergehen – und andere wehren sich lautstark mit allen Zähnen und Krallen. Wenn möglich, sollte man der Katze längere Wege zum Tierarzt ersparen, aber die Kompetenz des Tierarztes ist am Ende wichtiger als die Nähe. Die Praxis sollte ordentlich und sauber wirken, die Katze wird gleich in die Patientenkartei bzw -datei aufgenommen. Der Tierarzt geht ruhig und freundlich mit der Katze um und spricht freundlich mit ihr. Er bleibt auch ruhig, wenn die Katze sich mit allen Krallen und Zähnen gegen die Behandlung wehrt. Zwang sollte nur im Notfall und nicht zu grob angewendet werden. Der Tierarzt nimmt sich Zeit und erklärt, was er gerade tut und warum. Er beantwortet Fragen des Tierhalters sachkundig. Im Notfall ist er auch bereit, Hausbesuche zu machen. Man sollte nur zu einem Tierarzt gehen, dem man vertraut und bei dem sich die Katze – soweit das möglich ist – halbwegs wohlfühlt. Man selbst sollte auch ruhig bleiben und der Katze Vertrauen vermitteln. Ein hektischer, aufgeregter Mensch überträgt seine Stimmung auf die Katze. Man kann die Transportbox mit einem weichen Handtuch/ Decke und ein paar Leckerbissen darin zu Hause auf den Boden stellen. Vielleicht ist die Katze neugierig und setzt sich von selbst in die Box. Dann kann man die Box kurz schließen. Wie reagiert die Katze? Bleibt sie ruhig? Oder mauzt sie das ganze Haus zusammen? Anschließend wird die Katze natürlich gleich wieder hinaus gelassen, damit sie lernt, dass die Box kein ewiges Gefängnis ist. Vielleicht kann man die Box mit ein paar Leckerli interessant machen. Die meisten Katzen sind allerdings froh, wenn der Tierarztbesuch vorbei und die Box wieder im Keller, auf dem Speicher oder im Abstellraum verschwunden ist. Ein paar Bachblütentropfen (vom Tierarzt oder Tierheilpraktiker) oder ein Cat-Nip-Kissen können die Katze in der Box beruhigen. Bei dauerndem Durchfall, Erbrechen, Verstopfung, Husten, Schnupfen (kann auch auf Wurmbefall hindeuten), Abmagerung oder Fettleibigkeit ohne ersichtlichen Grund, Wesensveränderungen, offensichtlichen Verletzungen, Appetitlosigkeit, übermäßigem Durst, Durchfall oder Erbrechen mit Blut- , Schaum- oder Schleimbeimischungen, Verstopfung mit hartem Leib, Atembeschwerden, Krämpfen oder Störungen beim Harnabsatz sollte die Katze umgehend zum Tierarzt gebracht werden. Es liegt ein akutes Problem vor und die Katze hat wahrscheinlich Schmerzen! Auch unangenehmer Geruch aus dem Maul und Zahnprobleme sollten vom Tierarzt abgeklärt bzw behandelt werden. Die Katze sollte umgehend zum Tierarzt gebracht werden, wenn sie akute Probleme hat, verletzt oder offensichtlich krank ist. Für Notfälle sollte man die Telefonnummer des behandelnden Tierarztes bereit legen. Auf dem Land hat außerdem immer irgend ein Tierarzt Bereitschaft, da die Tierärzte auch für die Landwirte abrufbar sein müssen. In der Stadt gibt es entweder einer Tierklinik (in großen Städten) oder einen Tierärztlichen Notdienst. Abgesehen von natürlichen Mitteln wie z.B. Kokos gegen Parasiten o.ä. sollte man Medikamente nur nach Rücksprache mit dem Tierarzt oder Tierheilpraktiker anwenden und sich an die Hinweise des Tierarztes/ Tierheilpraktikers bzw nach dem Beipackzettel halten. Wie eine Katze vor und nach bestimmten Behandlungen oder Operationen zu behandeln ist, lässt man sich am besten vom behandelnden Tierarzt erklären. Bei bestimmten Erkrankungen und Leiden können auch **Tierheilpraktiker** und **Tierphysiotherapeut** hilfreich sein. Kontakte kann vielleicht der Tierarzt vermitteln. Eine kranke Katze braucht Ruhe, Wärme, einen sauberen Schlafplatz und viel Zuwendung. Die **Feline Infektiöse Peritonitis (FIP)** ist eine ansteckende Bauchfellentzündung. Sie verläuft fast immer tödlich. Der Übertragungsweg ist bisher nicht geklärt. Viele Katzen tragen die Viren in sich, ohne zu erkranken. Impfungen sind umstritten. Die **Katzenseuche** ist eine hoch ansteckende Virusinfektion. Sie wird über direkten Kontakt zu Artgenossen, über Gegenstände und Menschen übertragen. Infiziert sich eine tragende Kätzin, sind auch die Embryonen bzw Kitten gefährdet. Eine Übertragung auf den Menschen ist nicht möglich. Eine weitere unheilbare Erkrankung ist die **Feline Leukose**. Sie wird durch Speichel und Ausscheidungen erkrankter Katzen übertragen. Schon im Mutterleib können sich Kitten anstecken. Bei reinen Wohnungskatzen sind Impfungen nur sinnvoll, wenn sie Kontakt zu anderen Katzen haben, etwa in Tierpensionen und auf Zuchtschauen. Vor der Impfung kann ein Bluttest gemacht werden, um zu testen, ob die Katze Träger ist. **Tollwut** ist eine stets tödlich verlaufende Virusinfektion, die auf alle Säugetiere und Vögel übertragen werden kann. Sie wird durch Speichel bzw Bisse, Risse, Schürfwunden ect übertragen. Reine Wohnungskatzen sollten einmal grundimmunisiert werden, Freigänger werden ggfs alle 1-3 Jahre nachgeimpft. Eine Behandlung eines tollwutinfizierten Tieres ist verboten. Die Erkrankung endet grundsätzlich tödlich. Impfungen werden im Impfpass vermerkt, den der Tierarzt ausstellt. **Katzenschnupfen** ist eine Virusinfektion und kann tödlich enden. Er wird durch direkten Kontakt zu Artgenossen, aber auch durch Tröpfcheninfektion beim Husten und Niesen übertragen. Föten können sich schon im Mutterleib anstecken. Der Mensch kann Träger des Virus sein, aber nicht selbst erkranken. Im Übrigen haben Kitten ein **Milchgebiss** mit 26 Zähnen, das ab der 3. Woche durchzubrechen beginnt, im Alter von ca. 6, 7 Monaten hat die Katze dann ein **bleibendes Gebiss** mit 30 Zähnen. Die Katze hat vier Eck- oder Fangzähne, die stumpf sind und zum Festhalten der Beute dienen. Außerdem hat die Katze Schneidezähne (zwischen den Fangzähnen), die z.B. zur Fellpflege gebraucht werden, und Backenzähne (hier befinden sich auch scharfe Reißzähne), mit denen die Beute in maulgerechte Happen zerteilt wird. Zahnstein muss ggfs vom Tierarzt entfernt werden, sofern eine artgerechte Ernährung und **Zahnpflege** nicht ausreichen, z.B. Zähneputzen mit einer speziellen Katzenzahnbürste und Wasserstoffperoxyd (3 %), sofern die Katze es sich gefallen lässt, und anschließend kann man z.B. Dentisept™ auftragen, das Bakterien, Pilze usw zerstört und Zahnsteinbildung vorbeugt. Reicht das nicht, muss der Tierarzt den Zahnstein entfernen, da er sonst zu Schmerzen, schlechten Zähnen, Vereiterungen und Blutungen in der Maulhöhle führen kann und außerdem andere Krankheiten wie Herz-, Leber- und Nierenprobleme begünstigt. Der Tierarzt kann auch kranke Zähne sanieren oder ziehen. Neben der klassischen Tiermedizin bieten sich in manchen Fällen Behandlungen von **Tierheilpraktikern** und **Tierphysiotherapeuten** an. Manche Tierärzte bieten selbst entsprechende Behandlungen an oder können Kontakte vermitteln. Naturheilkunde ist kein Ersatz für klassische Medizin, kann aber in manchen Fällen als zusätzliche Unterstützung angewandt werden, und manchmal verschaffen naturheilkundliche Verfahren noch Linderung, wenn die klassische Medizin versagt. Die Wirkung lässt sich allerdings nicht immer wissenschaftlich belegen und ist umstritten. Naturheilmittel und Homöopathie werden z.T. erfolgreich bei verschiedenen Leiden wie Erkältungen, Allergien, Bronchitis und so weiter eingesetzt. Bei Angst, Aggression und Erschöpfung helfen oftmals Bachblütentropfen. Sie sorgen oft für Beruhigung. Auch Akupunktur hat schon vielen Tieren geholfen. Der Tierarzt oder Therapeut muss eine entsprechende Ausbildung haben. Akupunktur soll die Energieströme im Körper wieder in die richtigen Bahnen lenken. Bei Schmerzen, Entzündungen, Arthrose, Sehnenverletzungen u.a. wird Akupunktur häufig mit Erfolg eingesetzt. Aber auch Massagen, Elektrotherapie, Akupressur u.ä. helfen Katzen bei Verspannungen,

Nerven- und Skelettleiden, nach Operationen und dergleichen. Auch hier kann der Tierarzt vielleicht Kontakte zu einem guten Tierphysiotherapeuten vermitteln oder bietet entsprechende Behandlungen vielleicht selbst an. Andernfalls kann man sich danach bei anderen Tierhaltern danach erkundigen oder einfach mal danach googlen. In Tierkliniken kann man dem Katzenhalter eventuell ebenfalls weiterhelfen. Wenn man Glück hat, bietet der Therapeut auch Hausbesuche an, dann hat die Katze nicht den Stress des Transports und der Behandlung in fremder Umgebung. Das ist aber leider nicht immer möglich.

Literatur:

Bücher:

Adam, Ines; Katzen barfen leicht gemacht; Pro Business, 2012, ISBN 978-3-86386-197-1

Behrend, Katrin/ Wegler, Monika; Katzen; Gräfe und Unzer, 1992, ISBN 3-7742-1259-7

Blaes, Renate; Das kunterbunte Katzenbuch Nr. 2; Books on Demand, 2008, ISBN 9783837067330

Blaes, Renate; Das kunterbunte Katzenbuch; Books on Demand, 2006, ISBN 9783833462207

Born, Silvia; Traumkatzen; Müller-Rüschlikon, 2012, ISBN 978-3-275-01838-3

Donay-Weber, Anneliese; Siamkatzen; Parey, 1997, ISBN 3-8263-8444-X

Ewald, Eva; Norwegische Waldkatze – Skandinaviens sanfte Wilde; Cadmos, 2011, ISBN 978-384044006-9

Fiedler, Doreen; Einfach barf – Leitfaden für natürliche Katzenernährung; Books on Demand, 2014, ISBN 978-3-7357-9105-4

Fiedler, Doreen; Katzenernährung nach dem Vorbild der Natur; Books on Demand, 2014, ISBN 978-3-7357-9047-7

Götz, Eva-Maria / Wolf, Gesine; Britisch Kurzhaar & Co.: Kurzhaarkatzen; Ulmer, 1999, ISBN 3-8001-7469-3

Götz, Eva-Maria / Wolf, Gesine; Maine Coon & Co.: Halblanghaarkatzen; Ulmer, 1998, ISBN 3-8001-7398-0

Götz, Eva-Maria / Wolf, Gesine; Perser & Co.: Langhaarkatzen und Exotic Shorthair; Ulmer, 2000, ISBN 3-8001-7487-1

Götz, Eva-Maria / Wolf, Gesine; Siam & Co.: Orientalische Katzen; Ulmer, 1999, ISBN 3-8001-7441-3

Grimm, Hans-Ulrich; Katzen würden Mäuse kaufen – Schwarzbuch Tierfutter; Heyne, 2009, ISBN 978-3-86882-234-2

Jones, Renate; Das Kosmos Handbuch Katzen; Kosmos, 2010, ISBN 9783440112281

Jung, Claudia; Katzen massieren; Cadmos, 2013, ISBN 978-384044015-1

Ketschau, A.; Das kleine Katzenbuch; Books on Demand, 2017, ISBN 9783743180116

Kieselbach, Dominik; Siamkatzen; Bede, 2003, ISBN 3-89860-036-X

Klever, Ulrich; Knaurs Großes Katzenbuch; Knaur, 2000, ISBN 3-8289-1554-X

König, Horst E.; Anatomie der Katze; Gustav Fischer, 1992, ISBN 3-437-020492-0

Landgrafe, C.A.; Die Farben der Katzen; Books on Demand, 2007, ISBN 9783833494864

Landwerth, Lena; Katzenglück; Kosmos, 2014, ISBn 978-3-440-14288-2

Landwerth, Lena; Wegweiser Katzenfutter – Artgerechte Nahrung für Stubentiger; Cadmos, 2012, ISBN 978-384044010-6

Lauer, Isabella; Meine Katze; Kosmos, 2008, ISBN 3-440-11047-8

Leiendecker, Nadine; B.A.R.F. für Katzen; Cadmos, 2010, ISBN 978-384044001-4

Linke-Grün, Gabriele / Wegler, Monika; Wohnungskatzen; Gräfe und Unzer, 2014, ISBN 978-3-8338-2410-4

Linke-Grün, Gabriele; Katzenspiele; Gräfe und Unzer, 2013, ISBN 978-3-7742-6132-7

Malcus, Kerstin; Maine Coon – Wilde Schale, sanfter Kern; Cadmos, 2008, ISBN 978-386127134-5

Mausolf, Anne-Katrin; Kätzchen; Kosmos, 2016, ISBN 978-3-440-14705-4

McKenna, Rachael; Katzen – Französische Landsitze und ihre Bewohner; Knesebeck, 2012, ISBN 978-3-86873-374-7

Metz, Gabriele; Katzenrassen; Kosmos, 2006, ISBN 3-440-10265-7

Morris, Joel/ Hazeley, Jason; Die Katze. Ein Handbuch; Ehrenwirth, 2017, ISBN 9783431040753

Münchberg, Angela; Katzen homöophatisch selbst behandeln; Cadmos, 2005, ISBN 3-86127-123-0

Münchberg, Angela; Katzen naturnah ernähren – Frischfütterung leicht gemacht; Cadmos, 2007, ISBN 978-386127129-1

Münchberg, Angela; Kräuterbuch für Katzen; Cadmos, 2006, ISBN 978-386127126-0

Orrù-Benterbusch, Susanne; Katzen: Seelengefährten und Herzeroberer; Schirner-Verlag, 2018, ISBN 978-3-8434-1334-3

Ott, Petra; Das große Katzen-Interview; Buchwerk-Verlag, 2017, ISBN 9783-96086-060-0

Perez, Sébastian / Lacombe, Benjamin; Kleine Katzenkunde; Jacoby & Stuart, 2016, ISBN 978-3-941087-01-9

Pfleiderer; Mircea; Katzenverhalten; Kosmos, 2014, ISBN 978-3-440-12286-0

Quinten, Doris; Gesundheitsratgeber Katzen; BLV, 2004, ISBN 3-405-16769-8

Reinerth, Susanne; Natural Cat Food; Books on Demand, 2008, ISBN 978-3-8370-6231-1

Ricken, Claudia; Das kleine 1x1 der Genetik: Die Genetik der Katze lecht gemacht; Books on Demand, 2008, ISBN 9783837041255

Ricken, Claudia; Rot ist nicht immer Rot: Katzen in den Farben Amber, Cinnamon, Red & Tortie lieben und züchten; Books on Demand, 2012, ISBN 9783848219551

Rohrbach, Jessica; Kleine Freiheit vor der Haustür - Freigängerkatzen richtig halten; Cadmos, 2013, ISBN 978-384044016-8

Schär, Rosemarie; Die Hauskatze – Lebensweise, Verhalten und Ansprüche; Ulmer, 2009, ISBN 978-3-8001-5867-6

Schroll, Sabine; Handbuch Katzenkrankheiten; Cadmos, 2008, ISBN 978-386127132-1

Schulitz, Kirsten; Das Katzengesundheitsbuch; Books on Demand, 2015, ISBN 9783738627459

Stadler, Eva-Maria/ Wintterlin, Isabel; Katzenfreude; Cadmos, 2010, ISBN 978-384043007-7

Stark, Michaela; Das Bachblütenbuch für Katzen; Cadmos, 2005, ISBN 3-86127-121-4

Storch, Sandra; Vererbtes Design – Zucht, Genetik, Gesundheit und Farben der Katzen; Books on Demand, 2008, ISBN 3-8334-6766-5 / 978-3-8334-6766-0

Tabor, Roger; Die Sprache der Katzen; Ulmer, 2005, ISBN 3-8001-4927-3

Thies, Dagmar; Rassekatzen züchten: Vererbung, Partnerwahl, Rassen der Welt; Kosmos, 2005, ISBN 3-440-10128-2

Thies, Dagmar; Siam- und Orientalisch Kurzhaarkatzen; Kosmos, 1983, ISBN 3-440-04649-4

Van Heel, Walty Dudok / Bruin, Stephe; So denkt meine Katze; Bechtermünz, 1999, ISBN 3-8289-1552-3

Von Quillfedt, Petra; Katzen barfen; Örtel + Spörer, 2015, ISBN 978-3-88627-871-8

Wagner, Ortrun; Waldkatzen: Maine-Coon-Katze – Norwegische Waldkatze Sibirische Waldkatze; Parey, 1999, ISBN 3-8263-8507-1

Wegler, Monika/ Linke-Grün, Gabriele; Typisch Katze; Gräfe und Unzer, 2010, ISBN 978-3-8338-1717-5

Wendt, Marlitt; Wie Katzen ticken; Cadmos, 2010, ISBN 978-384044003-8

Wendt; Marlitt; Kätzchen mit Köpfchen; Cadmos, 2012, ISBN 978-384044013-7

Ziegler, Jutta; Hunde würden länger leben, wenn… - Schwarzbuch Tierarzt; MVG, 2011, ISBN 978-3-86882-234-2

Internet:

Zooplus (Futtermittel, Zubehör & Co.): www.zooplus.de

Fressnapf (Futtermittel, Zubehör & Co.): www.fressnapf.de

Natalie Dillitzer (Futterergänzung): www.futtermedicus.de

Fédération Internationale Féline: www.fifeweb.org

Deutsche Edelkatze e.V.: www.deutsche-edelkatze.de

World Cat Fédération: www.wcf-online.de

Österreichischer Verband für die Haltung und Zucht von Edelkatzen: www.oevek.at

Helvetischer Katzenverband / Fédération Feline Helvetique (Schweiz): www.ffh.ch

Weitere Bücher von der Autorin:

Das kleine Buch vom Deutschen Spitz; Books on Demand, 2.,überarb. Aufl. 2018, ISBN 9783744892896, 15,99 €

Das kleine Buch vom Dobermann; Books on Demand, 2., überarb. Aufl. 2018, ISBN 9783744811156, 16,99 €

Das kleine Buch vom Samojeden; Books on Demand, 2., überarb. Aufl. 2018, ISBN 9783744890700, 16,99 €

Das kleine Buch vom Tschechoslowakischen Wolfshund und Saarlooswolfhond; Books on Demand, 2., überarb. Aufl. 2018, ISBN 9783744871044, 25,00 €

Das kleine Buch vom Weißen Schweizer Schäferhund; Books on Demand, 2., überarb. Aufl. 2018, ISBN 9783743192508, 16,99 €

Das kleine Buch vom Wellensittich; Books on Demand, 2017, ISBN 9783743192508, 16,99 €

Das kleine Katzenbuch; Books on Demand, 2017, ISBN 9783743180116, 22,99 €

Eisenach: Die Stadt am Fuße der Wartburg; Books on Demand, 2018, ISBN 9783752876659, 22,99 €

Eisenach: Ein Bilderbuch; Books on Demand, 2018, ISBN 9783752802733, 9,99 €

Nasenarbeit für Hunde; Books on Demand, 2018, ISBN 9783752849660, 18,99 €

Rund um die Wartburg; Books on Demand, 2017, ISBN 9783746046945, 19,99 €

Schlittenhunde: Ein Bildband; Books on Demand, 2., überarb. Aufl. 2018, ISBN 9783746077505; 30,00 €

Weiße Schweizer Schäferhunde: Perlen im Licht der Sonne; Books on Demand, 2018, ISBN 9783746066103; 20,99 €

Weißer Schweizer Schäferhund; Books on Demand, 2018, ISBN 9783752823653; 10,00 €

Weiße Schweizer Schäferhunde einmal anders; Books on Demand, 2018, ISBN 9783752895605; 16,99 €

Wellensittiche; Books on Demand, 2018, ISBN 9783746098517; 20,99 €